FRENCH S STORIES FOR BEGINNERS

8 UNCONVENTIONAL SHORT STORIES TO GROW YOUR VOCABULARY AND LEARN FRENCH THE FUN WAY!

OLLY RICHARDS & RICHARD SIMCOTT

Copyright © 2016 Olly Richards Publishing & Speaking Fluently Ltd.

All rights reserved. No part of this publication may be reproduced, distributed or transmitted in any form or by any means, including photocopying, recording, or other electronic or mechanical methods, without the prior written permission of the publisher, except in the case of brief quotations embodied in critical reviews and certain other non-commercial uses permitted by copyright law. For permission requests, write to the publisher:

Olly Richards Publishing

olly@iwillteachyoualanguage.com

Trademarked names appear throughout this book. Rather than use a trademark symbol with every occurrence of a trademarked name, names are used in an editorial fashion, with no intention of infringement of the respective owner's trademark.

The information in this book is distributed on an "as is" basis, without warranty. Although every precaution has been taken in the preparation of this work, neither the author nor the publisher shall have any liability to any person or entity with respect to any loss or damage caused or alleged to be caused directly or indirectly by the information contained in this book.

French Short Stories for Beginners: *8 Unconventional Short Stories to Grow Your Vocabulary and Learn French the Fun Way!*

ISBN- 978-1522741138

ISBN- 1522741135

Free Masterclass:
How To Read Effectively In A Foreign Language

As a special thank you for investing in this book, I invite you to attend a FREE online workshop. You'll learn my advanced techniques for effective reading, so you can make the most of these stories.

To register for the workshop, simply visit:

http://iwillteachyoualanguage.com/readingmasterclass

French translation by
Marine Père

Books in this Series

Spanish Short Stories For Beginners

Spanish Short Stories For Beginners Volume 2

German Short Stories For Beginners

Italian Short Stories For Beginners

Italian Short Stories For Beginners Volume 2

Russian Short Stories For Beginners

French Short Stories For Beginners

English Short Stories For Intermediate Learners

Spanish Short Stories For Intermediate Learners

Italian Short Stories For Intermediate Learners

Many of these titles are also available as audiobooks

For more information, visit:

http://iwillteachyoualanguage.com/amazon

Introduction

This book is a collection of eight unconventional and entertaining short stories in French. Written especially for beginners and low-intermediate learners, equivalent to A1-A2 on the Common European Framework of Reference (CEFR), they offer a rich and enjoyable way of improving your French and growing your vocabulary.

Reading is one of the most effective ways to improve your French, but it can be difficult to find suitable reading material. When you are just starting out, most books are too difficult to understand, contain vocabulary far above your level, and are so lengthy that you can soon find yourself getting overwhelmed and giving up.

If you recognise these problems then this book is for you. From science fiction and fantasy to crime and thrillers, there is something for everyone. As you dive into these eight unique and well-crafted tales, you will quickly forget that you are reading in a foreign language and find yourself engrossed in a captivating world of French.

The learning support features in the stories give you access to help when you need it. With English definitions of difficult words, regular recaps of the plot to help you follow along, and multiple-choice questions for you to check important details of the story, you will quickly absorb large amounts of natural French and find yourself improving at a fast pace.

Perhaps you are new to French and looking for an entertaining challenge. Or maybe you have been learning for a while and simply want to enjoy reading whilst growing your vocabulary. Either way, this book is the biggest step forward you will take in your French this year.

So sit back and relax. It's time to let your imagination run wild and be transported into a magical French world of fun, mystery, and intrigue!

Table of Contents

Books in this Series 5
Introduction 6
About the Stories 9
How to Read Effectively 11
The Six-Step Reading Process 16
1. La Ratatouille Folle 20
2. La Créature 51
3. Le Chevalier 77
4. La Montre 107
5. Le Coffre 137
6. Ferrg, Le Dragon 165
7. Terres Inconnues 193
8. Laure, La Femme Invisible 220

About the Stories

A sense of achievement and a feeling of progress are essential when reading in a foreign language. Without these, there is little motivation to keep reading. The stories in this book have been designed with this firmly in mind.

First and foremost, each story has been kept to a manageable length and broken down into short chapters. This gives you the satisfaction of being able to finish reading what you have begun, and come back the next day wanting more! It also reduces the extent to which you feel overwhelmed by how much you have left to learn when starting to learn French.

The linguistic content of the stories is as rich and as varied as possible, whilst remaining accessible for lower-level learners. Each story belongs to a different genre in order to keep you entertained, and there are plenty of dialogues throughout, giving you lots of useful spoken French words and phrases to learn. There is even a deliberate mix of tenses from one story to the next, so that you get exposure to common verbs in a mixture of past, present and future verb forms. This makes you a more versatile and confident user of French, able to understand a variety of situations without getting lost.

It is standard in written French to use the *passé simple* to describe events in the past. Therefore, the narrative in these stories is written using the *passé simple*. Although potentially confusing at first, you will quickly get used to seeing verbs in this literary form. However, one of our primary goals is also to provide you with models of spoken

French, so you can use what you learn in conversation. Consequently, in the dialogues between characters in the stories you will find the *passé composé* - the spoken form of the past tense.

Many books for language learners include English translations for the entire story, known as parallel texts. Although these can be popular, parallel texts have the major disadvantage of providing an "easy option". Learners inevitably find themselves relying on the English translation and avoiding the "struggle" with the original French text that is necessary in order to improve. Consequently, instead of including a parallel text, *French Short Stories for Beginners* supports the reader with a number of learning aids that have been built directly into the stories.

Firstly, difficult words have been bolded and their definitions given in English at the end of each chapter. This avoids the need to consult a dictionary in the middle of the story, which is cumbersome and interrupts your reading. Secondly, there are regular summaries of the plot to help you follow the story and make sure you haven't missed anything important. Lastly, each chapter comes with its own set of comprehension questions to test your understanding of key events and encourage you to read in more detail.

French Short Stories for Beginners has been written to give you all the support you need, so that you can focus on the all-important tasks of reading, learning and having fun!

How to Read Effectively

Reading is a complex skill, and in our mother tongue we employ a variety of micro-skills to help us read. For example, we might *skim* a particular passage in order to understand the gist. Or we might *scan* through multiple pages of a train timetable looking for a particular time or place. If I lent you an Agatha Christie novel, you would breeze through the pages fairly quickly. On the other hand, if I gave you a contract to sign, you would likely read every word in great detail.

However, when it comes to reading in a foreign language, research suggests that we abandon most of these reading skills. Instead of using a mixture of micro-skills to help us understand a difficult text, we simply start at the beginning and try to understand every single word. Inevitably, we come across unknown or difficult words and quickly get frustrated with our lack of understanding.

Providing that you recognise this, however, you can adopt a few simple strategies that will help you turn frustration into opportunity and make the most of your reading experience!

* * *

You've picked up this book because you like the idea of learning French with short stories. But why? What are the benefits of learning French with stories, as opposed to with a textbook? Understanding this will help you determine your approach to reading.

One of the main benefits of reading stories is that you gain exposure to large amounts of natural French. This kind of reading for pleasure is commonly known as *extensive reading*. This is very different from how you might read French in a textbook. Your textbook contains short dialogues, which you read in detail with the aim of understanding every word. This is known as *intensive reading*.

To put it another way, while textbooks provide grammar rules and lists of vocabulary for you to learn, stories show you natural language *in use*. Both approaches have value and are an important part of a balanced approach to language learning. This book, however, provides opportunities for extensive reading. Read enough, and you'll quickly build up an innate understanding of how French works - very different from a theoretical understanding pieced together from rules and abstract examples (which is what you often get from textbooks).

Now, in order to take full advantage of the benefits of extensive reading, you have to actually read a large enough volume in the first place! Reading a couple of pages here and there may teach you a few new words, but won't be enough to make a real impact on the overall level of your French. With this in mind, here is the thought process that I recommend you have when approaching reading the short stories in this book, in order to learn the most from them:

1. Enjoyment and a sense of achievement when reading is vitally important because it keeps you coming back for more
2. The more you read, the more you learn

3. The best way to enjoy reading stories, and to feel that sense of achievement, is by reading the story from beginning to end
4. Consequently, reaching the end of a story is the most important thing... more important than understanding every word in it!

This brings us to the single most important point of this section: **You must accept that you won't understand everything you read in a story.**

This is completely normal and to be expected. The fact that you don't know a word or understand a sentence doesn't mean that you're "stupid" or "not good enough". It means you're engaged in the process of learning French, just like everybody else.

So what should you do when you don't understand a word? Here are a few ideas:

1. Look at the word and see if it is familiar in any way. If English is your mother tongue, there are often elements of French vocabulary that will be familiar to you. Take a guess - you might surprise yourself!
2. Re-read the sentence that contains the unknown word a number of times over. Using the context of that sentence, and the rest of the story, try to guess what the unknown word might mean. This takes practice, but is often easier than you think!
3. Make a note of the word in a notebook, and check the meaning later
4. Sometimes, you might find a verb that you know, conjugated in an unfamiliar way. For example:

parler - to speak

parleront - they will speak

parla – he spoke (past simple)

You may not be familiar with this particular verb form, or not understand why it is being used in this case, and that may frustrate you. But is it absolutely necessary for you to know this right now? Can you still understand the gist of what's going on? Usually, if you have managed to recognise the main verb, that is enough. Instead of getting frustrated, simply notice how the verb is being used, and then carry on reading!

5. If all the other steps fail, or you simply "have to know" the meaning of a particular word, you can simply turn to the end of the chapter and look it up in the vocabulary list. However, this should be your last resort.

The first four steps in this list are designed to do something very important: to train you to handle reading independently and without help. The more you can develop this skill, the better able you'll be to read. And, of course, the more you can read, the more you'll learn.

Remember that the purpose of reading is not to understand every word in the story, as you might be expected to in a textbook. The purpose of reading is to enjoy the story for what it is. Therefore, if you don't understand a word, and you can't guess what the word means from the context, simply try to keep reading. Learning to be content with a certain amount of ambiguity whilst reading a foreign language is a powerful skill to have, because you become an independent and resilient learner.

The Six-Step Reading Process

1. Read the first chapter of the story all the way through. Your aim is simply to reach the end of the chapter. Therefore, do not stop to look up words and do not worry if there are things you do not understand. Simply try to follow the plot.
2. When you reach the end of the chapter, read the short summary of the plot to see if you have understood what has happened. If you find this too difficult, do not worry.
3. Go back and read the same chapter again. If you like, you can read in more detail than before, but otherwise simply read it through one more time.
4. At the end of the chapter, read the summary again, and then try to answer the comprehension questions to check your understanding of key events. If you do not get them all correct, do not worry.
5. By this point, you should start to have some understanding of the main events of the chapter. If you wish, continue to re-read the chapter, using the vocabulary list to check unknown words and phrases. You may need to do this a few times until you feel confident. This is normal, and with each reading you will gradually build your understanding.
6. Otherwise, you should feel free to move on to the next chapter and enjoy the rest of the story at your own pace, just as you would any other book.

At every stage of the process, there will inevitably be words and phrases you do not understand or cannot remember. Instead of worrying, try to focus instead on everything that you *have* understood, and congratulate yourself for everything you have done so far.

Most of the benefit you derive from this book will come from reading each story through from beginning to end. Only once you have completed a story in its entirety should you go back and begin the process of studying the language from the story in more depth.

<u>Les annexes de chaque chapitre</u>

- Résumé
- Vocabulaire
- Questions à choix multiple
- Solutions

<u>Appendices to each chapter</u>

- Summary
- Vocabulary
- Multiple-choice questions
- Answers

CONTES

1. La Ratatouille Folle

Chapitre 1 – L'avion

–Daniel, viens ! – me dit Julie de la porte de la maison.
–Qu'est-ce que tu veux, Julie ? – je lui réponds.
–Aujourd'hui, on voyage en France. Tu te rappelles ?
–Bien sûr ! **Je suis en train de** préparer mon **sac à dos**.

Je m'appelle Daniel. J'ai 24 ans. Julie est ma sœur, et nous vivons dans la même maison, à Londres. Julie a 23 ans. Nos parents s'appellent Arthur et Claire. Nous sommes en train de préparer notre voyage en France. Nous sommes **étudiants en échange** international. Nous apprenons le français et **nous nous débrouillons** déjà très bien.

Je suis grand, je mesure 1,87 mètre et j'ai les cheveux **châtains** et un peu longs. J'ai les yeux verts et une grande bouche. Mon corps est assez large parce que je fais beaucoup de sport. Mes jambes sont longues et fortes parce que je cours tous les matins.

Ma sœur, Julie, a aussi les cheveux châtains, mais plus longs que **les miens**. Elle n'a pas les yeux verts, elle a les yeux marrons comme mon père. Mes yeux ont la même couleur que **ceux de ma mère**.

Mes parents travaillent. Mon père, Arthur, est électricien. Il travaille dans une très grande entreprise. Ma mère est chef d'entreprise. Son entreprise vend des **livres** de fantasy et de science-fiction. Mes parents savent parler français. Ils nous parlent en français pour pratiquer.

Mon père me regarde et voit que **je ne suis pas encore habillé**.
—Daniel ! Pourquoi tu n'es pas encore habillé ?
—**Je viens de** me réveiller. Je me suis douché il y a 5 minutes et je ne suis pas encore **sec**.
—Dépêche-toi ! Je dois aller travailler et je n'ai pas beaucoup de temps.
—Ne t'inquiète pas, papa. Je m'habille tout de suite.
—Où est ta sœur ?
—Elle est dans sa chambre.

Mon père va dans la chambre de ma sœur et parle avec elle. Julie le regarde.
—Bonjour papa. Tu veux quelque chose ?
—Oui, Julie. Ton frère va s'habiller maintenant. **Je veux que vous preniez ça**.
Mon père lui montre une **liasse de billets**. Julie est très surprise.
—C'est beaucoup d'argent ! –dit-elle.
—Ta mère et moi avons beaucoup économisé. On veut **vous en donner** une petite partie pour le voyage en France.
—Merci papa. Je vais le dire à mon frère, Daniel.

Ils ne savent pas que je suis en train d'écouter derrière la porte, et mon père me regarde.

–Oh, Daniel ! Tu es là ! Et tu t'es habillé ! Cet argent est pour vous deux.

– Merci papa. **Ça nous sera très utile.**

–Maintenant, votre mère et moi on va vous **amener en voiture** à l'aéroport. Venez !

Quelques minutes plus tard et après avoir pris notre petit-déjeuner, nous sortons de la maison et nous allons à l'aéroport avec la voiture de ma mère. Julie est très nerveuse.

–Julie, ma chérie, –lui dit ma mère–, ça va ?

–Je suis très nerveuse –lui répond-elle.

–Pourquoi ?

–Je ne connais personne en France. Je connais seulement Daniel.

–Ne t'inquiète pas. Je suis sûre qu'à Marseille il y a des gens très gentils et très sympathiques.

–Oui, maman. J'en suis sûre, mais je suis **impatiente**.

Il y a une très longue queue à l'aéroport. Il y a beaucoup de gens de différentes régions d'Angleterre qui achètent leur billet. Beaucoup sont des **travailleurs**, des **hommes et des femmes d'affaires**. Certains sont déjà en train de monter dans l'avion. Je me rapproche de Julie et je lui dis :

–**Ça va mieux ?**

–Oui, Daniel. J'étais très nerveuse dans la voiture.

–Oui, c'est vrai, mais tout ira bien. J'ai un ami à Marseille qui est très gentil, et il aide les étudiants en échange international comme nous.

Nos parents nous **serrent dans leurs bras** avec tendresse. Ils nous disent au revoir **de la main**, et nous montons dans l'avion.

–Daniel, Julie ! On vous aime !

C'est la dernière chose que nous avons entendue. **L'avion décolle** direction Marseille.

Annexe du chapitre 1

Résumé

Daniel et Julie sont des étudiants en échange international qui vivent à Londres. Ils vont faire un voyage en France. Ils savent parler français et pratiquent avec leurs parents. Les parents amènent leurs enfants à l'aéroport. Julie est très nerveuse avant de monter dans l'avion, puis elle finit par se tranquilliser.

Vocabulaire

- **je suis en train de** = I'm in the process of
- **le sac à dos** = rucksack
- **l'étudiant en échange (international)** = exchange student
- **nous nous débrouillons** = we get by (in a language)
- **châtain** = brown
- **les miens** = mine
- **ceux de ma mère** = those of my mother
- **le livre** = book
- **je ne suis pas encore habillé** = I'm not yet dressed
- **Je viens de** = I have just
- **sec** = dry
- **je veux que vous preniez ça** = I want you to take this
- **la liasse de billets** = a wad of bills
- **il/elle est surpris/e** = he/she is surprised
- **c'est très utile** = it's very useful
- **amener en voiture** = give a lift

- **impatient** = anxious
- **les hommes et les femmes d'affaires** = business people
- **Ça va mieux ?** = feeling better?
- **serrer quelqu'un dans ses bras** = to hug somebody
- **de la main** = with a handshake
- **l'avion décolle** = the plane takes off

Questions à choix multiple
Sélectionnez une seule réponse pour chaque question

1. Daniel et Julie vivent :
    a. Dans la même maison à Londres
    b. Dans différentes maisons à Londres
    c. Ils vivent dans la même maison à Marseille
    d. Ils vivent dans différentes maisons à Marseille
2. Leurs parents :
    a. Parlent français mais ne pratiquent pas avec leurs enfants
    b. Parlent français et pratiquent avec leurs enfants
    c. Ne parlent pas français
    d. Nous ne savons pas
3. Arthur, le père, leur donne un cadeau pour le voyage. Qu'est-ce que c'est ?
    a. Une voiture
    b. Un livre de *fantasy*
    c. Un livre de science-fiction
    d. De l'argent
4. Durant le trajet à l'aéroport, Julie :
    a. Est triste
    b. Est contente
    c. Est nerveuse
    d. A peur
5. Dans la queue à l'aéroport :
    a. Il y a beaucoup de jeunes
    b. Il y a beaucoup d'hommes et de femmes d'affaires
    c. Il y a très peu de monde
    d. Il y a beaucoup d'enfants

Solutions chapitre 1

1. a
2. b
3. d
4. c
5. b

Chapitre 2 – France

L'avion **atterrit** à Marseille et mon ami nous attend à la **sortie** de l'aéroport. Il me serre dans ses bras avec force.
–Salut, Daniel ! Quelle joie que tu sois ici !
–Salut, Arnaud ! Je suis content de te voir !
Mon ami, Arnaud, regarde ma sœur, Julie, avec curiosité.
–Arnaud, cher ami, je te présente ma sœur, Julie.
Mon ami s'approche de Julie et lui dit bonjour.
–Salut Julie ! **Enchanté de te connaître** !
Ma sœur est timide. Elle est toujours timide quand elle rencontre de nouvelles personnes.
– Salut... Arnaud.
–Ta sœur est très timide, n'est-ce pas ? –me dit Arnaud avec un visage **souriant**.
–Oui, c'est vrai, mais elle est très sympathique.

Quelques minutes après, nous allons en taxi à notre nouvel appartement. Le taxi coûte 8,50 € de l'aéroport au centre de Marseille. C'est le mois de juin et il fait très chaud. Le soleil en Méditerranée est toujours très chaud.

Nous arrivons à l'appartement à l'heure du déjeuner. Arnaud nous aide avec les sacs à dos. J'ai très faim.
–Arnaud, on a très faim. On peut manger où ?
–Il y a deux restaurants **près d'ici**.
– Quel type de cuisine ils servent ?
–Dans l'un des restaurants, ils servent une très bonne ratatouille, et dans l'autre ils servent du **poisson** frais et délicieux.

—Julie, tu veux manger une ratatouille ? —je demande à ma sœur.
—Bien sûr, Daniel. J'ai très faim.

Mon ami Arnaud reste dans l'appartement, et nous nous dirigeons vers le restaurant de ratatouille.
—Julie, quel autobus va vers le restaurant de ratatouille ?
—Je ne sais pas. **Il faut demander à quelqu'un.**
—**Regarde là**, le monsieur à la chemise blanche. On va lui demander.

Le monsieur à la chemise blanche nous salue.
—Bonjour les amis ! **Je peux vous aider ?**
—Oui, comment est-ce qu'on peut aller au restaurant « La Ratatouille folle » ?
—C'est facile ! C'est ici, il faut prendre l'autobus 35. Cet autobus va directement dans la rue de « La Ratatouille folle », bien qu'il y ait un problème.
—Quel problème est-ce qu'il y a ?
— Cet autobus est, en général, très **plein**.

Julie et moi parlons de prendre l'autobus pour aller au restaurant. **Elle semble inquiète**.
—Daniel, le restaurant de ratatouille est peut-être bien, mais nous pourrions peut-être manger au restaurant de poissons.
—J'ai une idée, Julie. Tu peux prendre l'autobus 35 pour aller au restaurant « La Ratatouille folle ». Je prends l'autobus qui va au restaurant où ils servent du poisson.
—Pourquoi tu veux **faire comme ça** ?

—Parce que comme ça, on peut comparer le prix de **chaque** restaurant.
—D'accord. Je t'appelle sur ton téléphone portable !

Je prends l'autobus qui va au restaurant où ils servent du poisson. **J'ai très sommeil** et **je m'endors**. Je me réveille plus tard. L'autobus est arrêté et il n'y a personne, **sauf** le conducteur.
—Excusez-moi, on est où ? —je demande au conducteur—
—On est arrivés à Nice.
—Comment ? On est à Nice ? Oh, non ! Ce n'est pas possible !

Je prends mon téléphone portable dans ma poche et j'essaie d'appeler ma sœur. Zut ! Mon téléphone portable n'a plus de batterie. Je ne peux pas **l'allumer** ! Je sors de l'autobus. Je suis à Nice. Nice, c'est très loin ! **Je n'arrive pas à y croire**. Je me suis endormi dans l'autobus, et **il m'a amené jusqu'à Nice**. Que vais-je faire maintenant ?

Je me promène dans les rues de Nice. Je cherche une cabine téléphonique. Je demande à une dame.
—Excusez-moi, madame. Où est-ce que je peux trouver une cabine téléphonique ?
—**Au coin de la rue** il y en a une, **jeune homme**.
—Merci beaucoup. Je vous souhaite une bonne journée.
—De rien. Bonne journée.

Il est cinq heures de l'après-midi et ma sœur ne sait pas où je suis. Elle est sûrement très inquiète ! J'entre dans la cabine téléphonique. Oh, non ! **Je ne me rappelle pas** du numéro de téléphone de Julie ! Que vais-je faire ? J'ai de l'argent, mais je n'ai pas son numéro. Je vais chercher un restaurant. J'ai très faim. Je réfléchirai après.

J'entre dans un restaurant **bon marché** et le serveur s'approche.
–Bonjour.
– Bonjour.
–**Que désirez-vous** ?
–Je voudrais... de la ratatouille ? –dis-je au serveur après avoir regardé **la carte**.
–Pardon ? Je ne vous ai pas bien compris, jeune homme.
Je **ris** très fort, et les gens du restaurant me regardent.

A la fin du **repas**, j'ai **honte**. Je ne devrais pas rire aussi fort, mais c'est **drôle**. On voulait manger de la ratatouille, et je suis ici à manger de la ratatouille à Nice, et ma sœur ne sait pas où je suis. C'est si ironique ! Que puis-je faire maintenant ? Je n'ai pas **non plus** le numéro de ma sœur. **Ça y est**, je sais ! Je vais appeler à Londres !

Je retourne à la cabine téléphonique et je compose le numéro de téléphone de la maison de mes parents à Londres. Ça **sonne** quatre fois et enfin ma mère, Claire, répond.
–Bonjour mon chéri ! Comment tu vas ? Comment ça va à Marseille ?
– Bonjour maman. J'ai un problème.

–Que se passe-t-il, mon fils ? Il s'est passé quelque chose de grave ?

–Non, ce n'est pas ça maman. S'il te plaît, appelle Julie et dis-lui que je suis à Nice, et que mon téléphone portable n'a plus de batterie.

–À Nice ! Qu'est-ce que tu fais à Nice ?

–C'est une longue histoire, maman.

J'arrive à un hôtel, je paie une nuit, et j'entre dans ma chambre. Je me déshabille et je sors de mon sac à dos un pyjama. **J'éteins la lumière** et je m'endors. **Quelle journée de fous** !

Annexe du chapitre 2

Résumé

Daniel et Julie arrivent à Marseille. Là-bas, Arnaud, un ami de Daniel, vient les chercher. Ils vont ensemble à l'appartement où vit Arnaud. Les frère et sœur lui demandent où ils peuvent manger, parce qu'ils ont faim. Après s'être endormi dans l'autobus, Daniel se réveille à Nice. Son téléphone portable n'a plus de batterie, et il doit passer la nuit dans un hôtel.

Vocabulaire

- **atterrit** = lands
- **la sortie** = exit
- **enchanté de te connaître** = nice to meet you
- **souriant** = smiling
- **près d'ici** = to short distance
- **le poisson** = fish
- **Il faut demander à quelqu'un** = We need to ask someone
- **regarde là** = look there
- **Je peux vous aider ?** = Can I help you?
- **plein** = full
- **elle semble inquiète** = she seems worried
- **faire comme ça** = to do that, in that way (Lit : do like that)
- **chaque** = each
- **j'ai très sommeil** = I'm very sleepy

- **je m'endors** = I'm falling asleep
- **sauf** = except (for)
- **j'essaie de** = I try to
- **l'allumer** = turn it on
- **je n'arrive pas à y croire** = I can't believe it
- **il m'a amené jusqu'à Nice** = it took me all the way to Nice
- **je me promène** = I'm walking
- **au coin de la rue** = around the corner
- **jeune homme** = young man
- **Je ne me rappelle pas** = I don't remember
- **bon marché** = cheap; inexpensive
- **Que désirez-vous?** = what do you want?
- **la carte** = menu
- **rire** = to laugh
- **le repas** = meal
- **la honte** = shame
- **drôle** = curious; funny
- **non plus** = either; no more
- **Ça y est** = that's it
- **sonner** = to ring (Lit: to sound)
- **j'éteins la lumière** = switch off the lights
- **une journée de fous** = a crazy day

Questions à choix multiple
Sélectionnez une seule réponse pour chaque question

6. Arnaud est :
    a. Un travailleur de l'aéroport
    b. Un ami des parents
    c. Un ami de Julie
    d. Un ami de Daniel
7. À Marseille, il :
    a. Fait froid
    b. Fait chaud
    c. Ne fait ni froid ni chaud
    d. Nous ne savons pas
8. Après l'aéroport, ils vont :
    a. Dans un restaurant
    b. À l'appartement d'Arnaud
    c. À l'appartement de Daniel
    d. À Nice
9. Daniel ne peut pas appeler sa sœur parce que :
    a. Son téléphone portable n'a plus de batterie
    b. Il n'a pas d'argent
    c. Il ne trouve pas de cabine téléphonique
    d. Il n'a pas de téléphone portable
10. Daniel passe la nuit dans :
    a. Un hôtel de Marseille
    b. L'autobus
    c. Un hôtel de Nice
    d. Il ne dort pas

Solutions chapitre 2

6. d
7. b
8. b
9. a
10. c

Chapitre 3 – La route

Je me réveille et je me douche. Je commande le petit-déjeuner par téléphone et je mange tranquillement. Je m'habille, je sors de ma chambre et je regarde l'heure à **l'horloge du couloir**. Il est 10 heures du matin. Avant de sortir de l'hôtel, je me demande si ma mère a parlé avec Julie. Ma sœur est une personne très nerveuse. J'espère qu'elle va bien.

Quand j'arrive dans le hall d'entrée de l'hôtel, je vois deux travailleurs portant des **caisses** dans un **camion**. Sur le camion, il y a un **dessin** avec le nom de la **société**. Je me mets à rire très fort, comme au restaurant, mais **je m'en rends** rapidement **compte**, et **je me tais** pour ne pas faire trop de **bruit**. Le dessin du camion est de la société « La Ratatouille folle ».

Je m'approche de l'un des travailleurs pour parler avec lui.
–Bonjour –me dit-il.
– Bonjour, monsieur –je lui réponds.
–Que voulez-vous ?
–Vous travaillez dans un restaurant de Marseille ?
–Non, je suis transporteur.
–Vous connaissez le restaurant ?
–Oui, on leur apporte des **légumes** toutes les semaines pour la ratatouille, mais je ne travaille pas dans ce restaurant.

Le transporteur entre dans le camion et je réfléchis. Comment est-ce que je peux retourner à Marseille ? J'ai besoin de trouver une solution. Je dois retourner à l'appartement d'Arnaud. Julie **m'attend**. J'ai une idée !
–Monsieur, excusez-moi ! –dis-je au transporteur
–Oui, jeune homme.
– Vous pourriez m'amener à Marseille ?
–**Maintenant** ?
–Oui.

Le transporteur hésite, et me répond **enfin**.
–D'accord, tu peux rentrer à l'arrière du camion, entre les caisses de légumes, mais **ne le dis à personne**.
–Merci !
–**De rien**, mon garçon. **Vite, nous devons partir tout de suite** !

J'entre dans la partie arrière du camion et je m'assois entre deux caisses de légumes. Le camion **démarre** et part direction Marseille. Je ne vois rien. **Je n'entends que** le moteur du camion et les voitures sur la **route**. **Quelque chose bouge** ! Il y a une personne entre les caisses de légumes.

–Bonjour ? –dis-je.
Silence.
–Il y a quelqu'un ?
Silence. Mais je sais qu'il y a une personne entre les caisses. Je me lève et je me dirige vers **l'endroit**. Quelle surprise ! C'est un **vieil homme** !

–Qui êtes-vous, monsieur ?
–**Laisse-moi tranquille** !
–Qu'est-ce que vous faites ici ?
–Je vais à Marseille.
–Le transporteur sait que vous êtes ici ?
–Non, il ne le sait pas. Je suis rentré dans le camion quand tu parlais avec lui.

Le transporteur **arrête** le camion et descend. Le vieil homme me regarde inquiet.
–Pourquoi il s'est arrêté ?
–Je ne sais pas.
Il y a un bruit au niveau de la porte arrière du camion.
–Je dois **me cacher** ! –dit l'homme.

Le transporteur entre dans le camion et me voit seul. Le vieil homme est caché entre les caisses.
–Qu'est-ce qu'il se passe ici ? –me demande-t-il
–Rien.
–Avec qui tu parlais ?
–Moi ? Avec **personne**. Je suis seul ici. Vous ne le voyez pas ?
–Nous ne sommes pas encore arrivés. **Ne fais pas de bruit**. Je ne veux pas de problèmes.
–Compris.

Le transporteur ferme la porte arrière du camion et retourne au **volant**. À ce moment-là, le vieil homme sort et me regarde **en souriant**.
–**Heureusement**, il ne m'a pas vu ! –me dit-il.

–Dites-moi, monsieur. Pourquoi vous voyagez de Nice à Marseille ?
–Tu veux savoir ?
–Oui, bien sûr.
–Je vais te raconter une petite histoire.
–Continuez, s'il vous plaît !

Le vieil homme me raconte son histoire :
–J'ai un fils. Je ne le connais pas. Il y a longtemps, sa mère et moi on était ensemble, mais je suis parti travailler dans un autre **pays. J'ai récemment appris** où ils étaient.
–À Marseille ?
–C'est cela.
–Quel âge a votre fils, monsieur ?
–Il a 24 ans.
–Comme moi !
Le vieil homme rit.
–C'est drôle !
–Oui, c'est vrai.

Après quelques minutes de silence, je me lève pour **me dégourdir les jambes** et je demande à l'homme :
–Comment s'appelle votre fils ?
–Il s'appelle Arnaud. Il a un appartement à Marseille. Il vit près du restaurant « La Ratatouille folle ». C'est pour ça que je voyage dans ce camion.

Je regarde le vieil homme **sans sourciller. Je n'arrive pas à y croire.**

Annexe du chapitre 3

Résumé

Daniel se réveille à l'hôtel. En sortant de sa chambre, il voit un transporteur et un camion du restaurant « La Ratatouille folle ». Il demande au transporteur s'il peut voyager à l'intérieur du camion qui va à Marseille. Le transporteur lui dit oui, et à l'intérieur du camion il se retrouve avec un vieil homme. Lui aussi va à Marseille.

Vocabulaire

- **l'horloge du couloir** = the clock in the corridor
- **la caisse** = box
- **le camion** = truck
- **le dessin** = painting
- **la société** = company
- **je me rends compte** = I realise
- **je me tais** = I keep quiet
- **les légumes (m.pl.)** = vegetables
- **le bruit** = noise
- **il/elle m'attend** = He/she is waiting for me
- **maintenant** = now
- **enfin** = finally
- **ne le dis à personne** = don't tell anyone
- **de rien** = you are welcome
- **vite** = quick
- **nous devons partir tout de suite** = we have to leave right now

- **démarrer** = to start (a vehicle)
- **Je n'entends que** = I only hear
- **la route** = road
- **Quelque chose bouge!** = Something moves!
- **l'endroit** = place; location
- **vieil homme** = old man
- **laisse-moi tranquille** = leave me alone
- **arrêter** = to stop
- **me cacher** = to hide (myself)
- **personne** = no-one
- **Ne fais pas de bruit** = Don't make any noise
- **le volant** = wheel
- **en souriant** = smiling
- **heureusement** = thankfully
- **le pays** = country
- **j'ai récemment appris** = I recently found out
- **me dégourdir les jambes** = to stretch my legs
- **sans sourciller** = without flinching
- **Je n'arrive pas à y croire** = I can't believe it

Questions à choix multiple

Sélectionnez une seule réponse pour chaque question

11. Daniel se lève à :
    a. 10h15
    b. 10h00
    c. 11h00
    d. 12h15
12. Le transporteur du camion :
    a. Travaille à l'hôtel
    b. Travaille dans le restaurant « La Ratatouille folle »
    c. Travaille seulement comme transporteur
    d. Travaille pour un autre restaurant
13. Dans le camion, Daniel rencontre :
    a. Un jeune homme
    b. Une jeune femme
    c. Un transporteur
    d. Un vieil homme
14. La personne du camion voyage parce que :
    a. Elle veut travailler à « La Ratatouille folle »
    b. Elle veut travailler comme transporteur
    c. Elle va rendre visite à son père
    d. Elle va rendre visite à son fils
15. Le fils de l'homme s'appelle :
    a. Daniel
    b. Arnaud
    c. Julie
    d. Claire

Solutions chapitre 3

11. b
12. c
13. d
14. d
15. b

Chapitre 4 – Le retour

Le camion arrive à Marseille. Le transporteur arrête le moteur et nous sortons de l'arrière du camion. Pendant que le vieil homme se cache **parmi les gens**, je remercie le transporteur :
–Merci pour le voyage.
–De rien, mon garçon. Bonne journée !
L'homme et moi marchons jusqu'à l'appartement d'Arnaud. Il ne sait pas que je connais Arnaud et qu'il est mon ami.

Nous marchons pendant une heure et nous voyons le restaurant « La Ratatouille Folle ». Nous entrons ; il n'y a personne à l'intérieur. Il est 5 heures de l'après-midi et il est encore **tôt** pour le dîner.
Je demande à l'homme :
–Qu'est-ce qu'on fait ?
Et il me répond :
–Je n'ai pas faim. Allons à l'appartement.

Arnaud est mon ami, et je sais qu'il ne connaît pas son père. Il m'a parlé de son père, mais très rarement. Je sais qu'ils ne se sont jamais vus en personne. Je ne sais pas si je dois dire à l'homme que je connais Arnaud. **Il ne vaut mieux pas**. Je veux lui faire une grande surprise.

Nous arrivons à l'appartement et nous entrons dans le hall d'entrée. Là, la concierge nous dit :
–Bonjour !
– Bonjour –nous répondons.

Nous montons dans l'ascenseur jusqu'au **troisième étage** et nous sortons. Nous marchons vers la porte de l'appartement.

–C'est ici –dit le vieil homme.
–Enfin !

Nous sonnons à la porte, mais personne ne répond.
–Arnaud ? Il y a quelqu'un ?
Personne ne répond. À ce moment-là je décide de confesser à l'homme que j'habite là aussi. L'homme comprend enfin pourquoi je voulais l'accompagner. Je sors la clé qu'Arnaud **m'avait donnée** et j'ouvre la porte.

L'homme me demande :
–Ils sont où ?
–Je ne sais pas.

J'entre dans la chambre d'Arnaud et j'ouvre mon sac à dos. Le chargeur de mon téléphone portable est dans mon sac à dos. **Pendant une heure** la batterie de mon téléphone portable se recharge et je peux enfin appeler ma sœur. Le téléphone sonne trois fois et Julie répond :
–Daniel ! Enfin ! **J'étais très inquiète** !
–Salut ! Ça va. Je suis avec quelqu'un dans l'appartement d'Arnaud.
–Quelqu'un ?
–Oui, c'est une longue histoire. Viens à l'appartement, Julie. Tu es où ?
–**Je me promène** avec Arnaud. On va vers l'appartement maintenant.
–Ça va, on vous attend ici.

Une demi-heure plus tard, Arnaud et Julie entrent dans l'appartement.

–Salut ! Qui êtes-vous ? –dit Arnaud au vieil homme.

Avant qu'il réponde, je lui dis :

–Salut, Arnaud. **Je suis désolé** d'être rentré chez toi sans permission, mais c'était important.

–Qu'est-ce qu'il se passe ?

–Arnaud, **voici ton père**.

Arnaud est très surpris.

–Mon père ? C'est impossible !

Le vieil homme lui parle :

–C'est toi Arnaud ?

–Oui, c'est moi. Vous ne pouvez pas être mon père !

–Je m'appelle Antoine Dupont. Si, je suis ton père.

Arnaud se rend compte qu'il est **vraiment** son père et le serre dans ses bras. Ils se rencontrent enfin **après tant d'années**. Il a été absent toute sa vie, mais **il a** enfin **pu revenir**.

–**Il faut fêter ça** ! –dit Arnaud.

–**Je suis tout à fait d'accord** ! –dit son père, Antoine.

–On va à « La Ratatouille folle » ? dit Julie.

Je réponds :

–Je ne veux pas de ratatouille ! Et je ne veux ni aller au restaurant ni prendre l'autobus ! Je veux une pizza !

Ils se mettent tous à rire et finalement moi aussi.

–Quelle histoire de fous !

Annexe du chapitre 4

Résumé

Le vieil homme et Daniel sortent du camion et marchent vers l'appartement. Ils entrent dans le restaurant « La Ratatouille folle », mais il n'y a personne parce qu'il est trop tôt. Ils entrent dans la chambre d'Arnaud et il n'y a personne. Daniel appelle Julie sur son téléphone et ils reviennent enfin à l'appartement. Arnaud rencontre son père, et Daniel ne veut pas retourner au restaurant manger de la ratatouille.

Vocabulaire

- **parmi les gens (m.pl.)** = amongst the people
- **tôt** = soon
- **Il ne vaut mieux pas** = Better not
- **nous montons dans l'ascenseur** = we take the lift
- **le troisième étage** = third floor
- **m'avait donnée** = had given to me
- **pendant une heure** = for one hour
- **J'étais très inquiète !** = I was so worried!
- **Je me promène** = I'm walking
- **Je suis désolé de** = I apologize for
- **voici ton père** = this is your father
- **vraiment** = truly, really
- **après tant d'années** = after so many years
- **il a pu revenir** = he has been able to come back
- **Il faut fêter ça** = We must celebrate this!
- **Je suis tout à fait d'accord** = I completely agree

Questions à choix multiple
Sélectionnez une seule réponse pour chaque question

16. Le vieil homme et Daniel vont en premier :
    a. À l'appartement d'Arnaud
    b. Dans une cabine téléphonique
    c. Au restaurant « La Ratatouille folle »
    d. À l'aéroport
17. Au début, dans l'appartement d'Arnaud :
    a. Se trouvent Julie et Arnaud
    b. Se trouve juste Julie
    c. Se trouve juste Arnaud
    d. Il n'y a personne
18. Quand Daniel entre dans la chambre d'Arnaud :
    a. Il recharge la batterie de son téléphone portable
    b. Prépare le dîner
    c. Appelle Arnaud
    d. Appelle ses parents
19. Daniel appelle :
    a. Ses parents
    b. Arnaud
    c. Julie
    d. Le transporteur
20. Julie veut aller :
    a. À « La Ratatouille folle »
    b. Au restaurant de poissons
    c. À Londres
    d. À Nice

Solutions chapitre 4

16. c
17. d
18. a
19. c
20. a

2. La Créature

Chapitre 1 – L'excursion

Sylvie était une femme qui aimait la **randonnée**. Tous les week-ends, elle prenait son sac à dos, sa bouteille d'eau, ses **vêtements de montagne** et elle marchait jusqu'au Mondarrain, un mont du Pays basque français, dans les Pyrénées.

Le premier samedi du mois, elle **donna rendez-vous** à son ami Georges. Il aimait aussi marcher et la randonnée, il décida d'accompagner Sylvie en excursion. Ils se retrouvèrent au début du chemin et se saluèrent :

–Sylvie ! Je suis là ! –cria Georges.
–Je te vois ! Je viens !
Sylvie s'arrêta et attendit Georges. Georges courut vers Sylvie.
– Georges, ne cours pas si vite. **Tu vas te fatiguer**.
–Ne t'inquiètes pas, j'ai une boisson énergétique pour la route.

Mondarrain est un mont très connu du Pays basque français où beaucoup d'amateurs de la montagne vont faire de la randonnée pédestre ou courir. Certaines familles y vont en voiture faire un picnic, d'autres personnes vont faire des photos professionnelles et certains font du camping en été.

Le Pays basque est une région aux **températures très douces**. Normalement, il pleut beaucoup au Pays basque. C'est une région très **nuageuse** et l'été n'est pas très chaud. Les températures sont tempérées. Sylvie et Georges **en profitent** pour y aller en juin, quand les températures sont chaudes et ils n'ont pas à porter de **blouson**.

−Georges, quel chemin on prend, à gauche ou à droite ?
−Je préfère le chemin à gauche.
−Et moi je préfère le chemin à droite.
−Pourquoi Sylvie ?
−Il y a une légende sur ce chemin. Les gens disent qu'une créature, grande et **poilue, a souvent été vue**.
−Tu crois à ces histoires ?
−On pourrait aller par là.
−D'accord, Sylvie. Allons-y.

Une heure après, ils marchaient sur un chemin étroit, **entouré** d'arbres, et le soleil se voyait **à peine** dans le ciel.
Sylvie demanda à Georges :
−Tu crois qu'il y a des créatures **étranges** dans les forêts ?
−Non, je ne crois pas.
−Pourquoi ?
−Je n'ai jamais vu aucune créature. Et toi ?
−Pas dans cette forêt.

Georges se demanda **ce qu'elle voulait dire**, mais il préféra ne pas lui demander et continua à marcher.

Plusieurs kilomètres après, les deux amis marchèrent entre arbres et chemins. On ne voyait pas le soleil, et **leurs pas** les **menèrent** à un lac où il y avait une maison. La maison était en **bois** et paraissait ancienne.
–Regarde Georges, là-bas.
–Où ?
–Là-bas ! Il y a une maison en bois.
–Ah, oui ! Je la vois ! On y va ?
–Et s'il y a quelqu'un ?
–**N'aie pas peur**, Georges. Il n'y a sûrement personne.

Les deux amis marchèrent jusqu'à la maison et avant d'entrer ils explorèrent **l'endroit**.
Sylvie dit :
–Cette maison semble **avoir été construite** il y a très longtemps.
–Oui, Sylvie. Regarde **l'état** des fenêtres et du bois. Ils sont très anciens. Viens voir !

Ils se rapprochèrent de la **rive du lac** où les petites **vagues** faisaient bouger une petite **barque**. La barque semblait aussi ancienne que la maison.
–Sylvie, on monte dans la barque ?
–Pour faire quoi ?
–On peut aller jusqu'au centre du lac. On va bien s'amuser !
–Allons-y !

Sylvie et Georges montèrent dans la barque et y laissèrent leurs sacs à dos. Le bois semblait si vieux qu'il paraissait **cassé**. Il y avait deux **rames**. Ils utilisèrent les rames pour arriver au centre du lac.

Sylvie dit à Georges :

—Qu'est-ce qu'on est bien ici, Georges !

—Oui, c'est vrai. Bien qu'il y ait beaucoup d'arbres, on peut parfaitement voir le soleil d'ici.

– Oui. Tu veux **prendre le goûter** ?

—Bien sûr, Sylvie ! Qu'est-ce que tu as apporté ?

Sylvie sortit de son sac à dos **plusieurs** gâteaux, des boissons énergétiques et un sandwich.

—Qu'est-ce que tu veux ?

—Le sandwich **a l'air bon**.

—Je ne le veux pas, donc il est pour toi, Georges.

—Merci !

Ils mangèrent tranquillement, et la barque se maintenait au milieu du lac. **Tout à coup**, ils entendirent quelque chose qui venait de la maison :

—Tu as entendu ça ? —dit Georges à Sylvie.

—Oui, j'ai entendu —lui répondit Sylvie, **l'air effrayé**.

—Je crois que ça vient de la maison.

—Je crois aussi. Allons voir !

Georges et Sylvie ramèrent sans s'arrêter jusqu'à la rive. **Ils prirent** les sacs à dos et marchèrent jusqu'à la vieille maison en bois.

—Georges, je ne t'ai rien dit avant, mais je voulais rentrer dans la maison.

—Pourquoi ? On ne devait pas faire de la randonnée pédestre ?

—Oui, mais dans les forêts il y a beaucoup de choses abandonnées et j'aime explorer.
—Entrons dans la maison alors.

Ils ouvrirent la porte de la maison et les deux amis entrèrent. À l'intérieur, tout était très **sale** et à l'abandon. La maison semblait avoir été utilisée il y a très longtemps. Maintenant, **il n'y avait plus que de la poussière**.
—Sylvie, regarde ça.
—Quoi ?
—Ici, à côté de la fenêtre.
Sylvie remarqua qu'au sol, dans la poussière, il y avait de très grandes **empreintes**.
— À ton avis, ce sont des empreintes de quoi ?
—Je crois que ce sont des empreintes d'**ours** —dit Sylvie.
—D'ours ? Mais il n'y a pas d'ours par ici ! Les ours les plus **proches** sont dans une autre montagne, très loin.
—Alors je ne sais pas de quoi elles peuvent être. Allons-nous-en d'ici !

Soudain, un bruit dans la cuisine les surprit et ils purent voir une silhouette très grande et **poilue** sortir par la porte **en cassant** tout sur son passage. La créature **grogna** et commença à courir très vite. Les deux amis sont restés paralysés jusqu'à **perdre de vue** la créature dans la forêt.

Annexe du chapitre 1

Résumé

Sylvie et Georges vont faire une excursion au Mondarrain. Ils portent des sacs à dos avec des boissons énergétiques et de la nourriture. Ils marchent dans une forêt et trouvent une vieille maison et un lac avec une barque. Ils entendent des bruits dans la cuisine de la maison et voient comment une grande créature en sort, en courant vers la forêt.

Vocabulaire

- **la randonnée** = hiking
- **les vêtements de montagne** = mountain clothing
- **donna rendez-vous** (donner rendez-vous) = arranged a meeting
- **tu vas te fatiguer** = you'll become exhausted
- **températures très douces** = mild temperatures
- **nuageux** = cloudy
- **en profitent** = taking advantage (of)
- **le blouson** = jacket
- **poilu** = furry
- **a souvent été vue** = has often been seen
- **entouré (de)** = surround (by)
- **à peine** = hardly
- **étrange** = strange
- **ce qu'elle voulait dire** = what she had in mind
- **leurs pas** = their steps

- **menèrent** = lead
- **le bois** = wood
- **n'aie pas peur** = don't be afraid
- **l'endroit** = place ; location
- **avoir été construite** = have been built
- **l'état** = state
- **la rive du lac** = shore of the lake
- **la vague** = wave
- **la barque** = boat
- **cassé** = broken
- **la rame** = oar
- **prendre le goûter** = have a snack
- **plusieurs** = several; many
- **a l'air bon** = looks good
- **tout à coup** = suddenly
- **l'air effrayé** = looking scared
- **ils prirent** = they took
- **sale** = dirty
- **il n'y avait plus que de la poussière** = there was only dust
- **l'empreinte (f.)** = footprint
- **l'ours (m.)** = bear
- **proches** = near, close
- **poilue** = hairy
- **en cassant** = breaking
- **grogna** = growled
- **perdre de vue** = lose sight

Questions à choix multiple

Sélectionnez une seule réponse pour chaque question

1. Sylvie et Georges sont de :
    a. Marseille
    b. Pays basque français
    c. Nice
    d. Provence
2. L'excursion est vers :
    a. Un mont
    b. Une plage
    c. Un petit village
    d. Une ville
3. En marchant sur le chemin, ils trouvent :
    a. Un village
    b. Une ville
    c. Un magasin
    d. Une maison
4. En voyant la barque du lac :
    a. Ils s'assoient à l'intérieur
    b. Ils dorment à l'intérieur
    c. Ils l'utilisent pour se chauffer
    d. Ils l'utilisent pour aller au centre du lac
5. À la fin du chapitre, ils entendent un bruit dans :
    a. La barque
    b. La cuisine
    c. La salle
    d. La forêt

Solutions chapitre 1

1. b
2. a
3. d
4. d
5. b

Chapitre 2 – La recherche

—Tu as vu ça, Sylvie?
—Oui ! Qu'est-ce que c'était ?
—Je ne sais pas ! C'était une créature très grande et très **laide**.
—Qu'est-ce qu'on fait maintenant, Georges ?
—Et si on la cherchait ?!
—On va **la poursuivre** ?
—Bien sûr !

Georges et Sylvie sortent de la vieille maison en bois et suivent les empreintes de la créature dans la forêt.
—Il y a beaucoup d'arbres et beaucoup de chemins –dit Georges–, **on doit se séparer.**
—Tu es fou, Georges ! Se séparer ! Il y a une créature très laide et très grande **en liberté** et on ne sait pas ce que c'est !
—Je sais, Sylvie. Mais si on peut **la filmer** avec le téléphone portable, on **passera** peut-être **au journal télévisé.**
—**Qu'est-ce que ça peut bien faire** ?
—Je veux passer au journal télévisé.
—**Qu'est-ce que tu es bête parfois**, Georges. **Enfin**, séparons-nous.

Deux heures plus tard, Sylvie et Georges marchaient dans la forêt, à la recherche de la créature.
Sylvie ne croyait pas que la créature était réelle. Elle pensait que la créature était un **blagueur déguisé**.

Par contre, Georges pensait que c'était une créature réelle, un type d'animal qui avait **survécu** dans les forêts, et qui n'avait jamais été enregistré.

Georges arriva à une montagne. Dans la montagne, il y avait une **grotte**. Dans peu de temps **la nuit allait tomber**, il entra donc dans la **grotte**. S'il entrait dans la grotte de nuit, il n'y aurait pas de lumière en sortant. Il sortit son téléphone portable de sa poche et commença à filmer. Il n'y avait rien dans la grotte mais, tout à coup, il entendit un **cri**. C'était la créature et elle se dirigeait vers lui.

Sylvie **ne savait rien de** Georges depuis des heures. Elle ne savait pas où il était, et le **réseau** du téléphone portable ne fonctionnait pas à cet endroit. Elle retourna à la vieille maison parce qu'il faisait déjà nuit. Il y avait un vieux lit et elle s'assit dessus pour attendre Georges. Elle sortit de son sac à dos un bout du sandwich et le mangea. Finalement, elle s'endormit.

Sylvie se réveilla le **lendemain**. Georges n'était pas là. Sylvie commença à beaucoup s'inquiéter pour lui, elle décida donc de sortir de la maison et d'aller vers la montagne. Elle marcha des heures et des heures, elle descendit par le chemin par où ils étaient venus la **veille** et arriva à un village.

Le village était très animé. Toutes les familles partaient travailler, les voitures **démarraient**, les enfants **jouaient** et **couraient** pour aller à l'école, et on sentait l'odeur du petit-déjeuner. Sylvie s'approcha du restaurant le plus proche. Elle entra dans le restaurant ; il y avait beaucoup de monde qui prenait son petit-déjeuner. Des gens de tout âge, des familles entières, des jeunes et des personnes âgées. Elle ne savait que dire ni que demander.

    Elle s'approcha du serveur du restaurant et lui dit :
—Bonjour monsieur.
—Bonjour, jeune fille ! Que désirez-vous ?
—Je peux utiliser le téléphone du restaurant ?
—Bien sûr. Il est sur ce **mur**, là-bas.
—Merci.
—Vous désirez autre chose ?
—Non, merci beaucoup, monsieur.

    Sylvie s'approcha du téléphone et composa le numéro de Georges. Peut-être que le problème venait de son téléphone portable, mais non. Le téléphone ne sonnait pas. Elle réfléchit et se décida : je vais appeler chez Georges.
    Le téléphone sonna une fois, deux fois, trois fois. Pourquoi personne ne répondait ?
    Sylvie ne savait pas ce qui se passait. Normalement, le frère de Georges était à la maison le matin parce qu'il travaillait chez lui.
    Elle appela une deuxième fois, mais aucune réponse.

    Alors Sylvie sortit du restaurant et s'assit sur un **banc**, dans la rue. Là, elle réfléchit encore. Sylvie était une femme très intelligente, et réfléchissait chaque fois qu'il y avait des problèmes. Elle ne devenait jamais trop nerveuse.
    Elle se leva du banc et se décida : j'irai directement chez Georges. Peut-être qu'il n'avait rien trouvé lui **non plus** et était rentré chez lui. Elle appela un taxi dans la rue et parla

avec le chauffeur de taxi pendant le **trajet** en direction de la maison de Georges.

—Comment vous vous appelez ? —dit le chauffeur de taxi
—Sylvie, je m'appelle Sylvie.
—Et qu'est-ce que vous faites, Sylvie ? Vous allez au travail ?
—Non, je vais voir un ami chez lui.
—Ah ! Quelle chance ! Moi, je dois travailler toute la journée !

Sylvie ne dit rien de plus. Le chauffeur de taxi était un homme très **sympathique** et **bavard**, mais elle ne voulait pas parler. Elle voulait seulement retrouver Georges. Elle ne croyait pas qu'il y avait une créature étrange dans la forêt, mais elle voulait savoir où était son ami.

—On est arrivés, Sylvie. Ça fait 9,50 €.
—Tenez, **gardez la monnaie**.
—Merci ! Bonne journée !
—À vous aussi.

Sylvie descendit du taxi et marcha jusqu'à la maison de Georges. La maison était très grande et très jolie. Elle avait deux **étages**, un jardin et un **garage propre**. Elle était située dans un **quartier** très joli et très calme, avec de grandes maisons et des magasins qui vendaient des fruits, du pain et tout le nécessaire. La voiture de Georges était devant la maison. Georges était-il à l'intérieur ? Avait-il appelé sa famille ?

–Je ne comprends pas. Si Georges avait pris sa voiture pour revenir chez lui, pourquoi je n'ai aucun message sur mon téléphone portable ?

Sylvie sonna à la porte trois fois, mais personne ne répondit.

Inquiète, elle alla chez ses deux amies : Marie et Véronique. Ses deux meilleures amies n'étaient pas non plus chez elles, et leurs téléphones portables étaient **éteints**. Il se passait quelque chose de bizarre et elle ne comprenait pas. Tous ses amis avaient disparu depuis qu'elle et Georges avaient rencontré cette étrange créature.

Elle décida de prendre l'initiative et de découvrir ce qu'était cette créature. Elle ne pensait pas que c'était une créature, mais elle l'appelait comme ça. C'était sûrement un ours, un **loup** ou quelque chose dans ce genre. Dans la maison il y avait peu de lumière et ils ne purent pas bien la voir.

Quelques minutes après, elle prit un autre taxi et retourna au chemin pour aller vers la forêt et le lac. Elle marcha quelques minutes et là, elle put voir la vieille maison en bois. Cette fois-ci, il y avait quelque chose de différent : il y avait de la lumière à l'intérieur de la maison.

Annexe du chapitre 2

Résumé

Sylvie et Georges cherchaient la créature des forêts. Georges disparaît et Sylvie ne sait pas où il est. Elle retourne à la maison et s'endort dans un vieux lit. En se réveillant, Georges n'est toujours pas là. Elle s'inquiète et retourne au village, elle appelle Georges, cherche ses amies, mais il n'y a personne. Enfin, elle retourne à la maison du lac pour essayer de comprendre ce qui se passe.

Vocabulaire

- **laide** = ugly
- **poursuivre** = to pursue
- **on doit se séparer** = we have to split up
- **en liberté** = loose
- **filmer** = to record, film
- **on passera au journal télévisé** = we'll appear on TV
- **qu'est-ce que ça peut bien faire ?** = Who cares?
- **Qu'est-ce que tu es bête parfois** = how stupid you are sometimes
- **enfin** = well (coloquial)
- **le blagueur** = joker
- **déguisé** = dressed up
- **par contre** = however
- **survécu** = survived
- **la grotte** = cave

- **la nuit allait tomber** = night was falling
- **le cri** = shriek
- **ne savait rien de** = heard nothing from (lit. knew nothing of)
- **le réseau** = network coverage
- **le lendemain** = the day after
- **la veille** = the day before
- **démarraient** = were setting off
- **jouaient** = played
- **couraient** = ran
- **le mur** = wall
- **le banc** = bench
- **sympathique** = likeable
- **bavard** = talkative
- **gardez la monnaie** = keep the change
- **l'étage (m.)** = floor
- **garage propre** = own garage
- **le quartier** = neighbourhood
- **éteints** = switched off
- **le loup** = wolf

Questions à choix multiple
Sélectionnez une seule réponse pour chaque question

6. Sylvie croit que la créature :
    a. Est réelle
    b. Est une blague
    c. Est Georges
    d. Est réelle mais n'est pas sûre
7. Georges trouve :
    a. Un bâtiment en pierre
    b. Un pont
    c. Une voiture
    d. Une grotte
8. Sylvie dort dans :
    a. La forêt
    b. La barque du lac
    c. Le lit de la maison
    d. Le village
9. En se réveillant, Sylvie :
    a. Va au village
    b. Va vers la grotte
    c. Appelle les parents de Georges
    d. Appelle ses parents
10. En revenant au lac, Sylvie voit :
    a. La maison brûlée
    b. De la lumière dans la maison
    c. La créature dans la maison
    d. Georges dans la maison

Solutions chapitre 2

6. b
7. d
8. c
9. a
10. b

Chapitre 3 – La surprise

—De la lumière dans la maison ! —dit Sylvie — Je n'arrive pas à y croire !

Sylvie descendit par le chemin qui menait au lac et laissa son sac à dos à côté d'un arbre. L'arbre était très grand et avait beaucoup de branches et beaucoup de **feuilles**.

Elle se rapprocha de la maison et put voir une **faible** lumière à l'intérieur. Elle ne voyait personne, seulement une lumière orange. Elle fit le tour de la maison pour essayer de voir qui était à l'intérieur.

—Bonjour ? —cria-t-elle—. C'est moi, Sylvie !

Personne ne répondit, mais il y avait du bruit dans la maison.

Sylvie s'approcha de la porte et l'ouvrit. Là, elle vit quelque chose auquel elle ne s'attendait pas.

Tous ses amis étaient là. Beaucoup de gens était dans la maison : ses parents, toute sa famille, ses amies Marie et Véronique et d'autres personnes.

—Sylvie ! —crièrent-ils—. Te voilà !

—Bonjour ! —dit-elle—. Mais qu'est-ce qu'il se passe ici ?

—On va te raconter. Assis-toi.

Sylvie s'assit sur le vieux lit où elle avait dormi la veille en attendant Georges.

—Qu'est-ce qu'il s'est passé ? —dit finalement Sylvie.

Les gens se sont assis **autour** d'elle, l'air préoccupé. Personne ne répondit.

–Et papa, il est où ? –dit-elle à sa mère.
–Il travaille, il va venir plus tard.
–Quelqu'un peut me dire ce qui se passe ?

Sa mère se leva et lui raconta :
–Nous pensons qu'une créature a enlevé Georges dans la forêt.
–Comment ? Comment vous savez qu'on a vu une créature ?
–Georges a envoyé un message avec son téléphone portable.

Sylvie ne comprenait toujours rien et dit :
–Pourquoi vous êtes tous ici ?
–Parce qu'on va chercher Georges.
–Maintenant ?
–Oui, maintenant.

Les gens de la maison prirent leurs sacs à dos, leur nourriture et leurs lampes de poche pour partir à la recherche de Georges.

Ils sortirent de la maison et se séparèrent en groupes de quatre personnes.

Sylvie s'arrêta sur la rive du lac avant de partir à la recherche de Georges. Là, elle resta pensive.

–Je ne comprends pas. Georges n'aime pas partir seul et il a très peur quand il part seul dans une forêt la nuit. Pourquoi tout le monde est ici ? **Il y a quelque chose qui cloche**.

Quand elle regarda pour voir où était le groupe, elle ne vit personne.

—Où est-ce qu'ils sont ? Il y a quelqu'un ?

Sylvie marcha jusqu'à l'entrée de la forêt où Georges se perdit. Elle continua à marcher et alluma une **lampe de poche** qu'elle avait prise de son sac à dos.

—Vous êtes où ? Il y a quelqu'un ?

Il n'y avait personne. Ni sa famille, ni ses parents, ni ses amies Marie et Véronique.

—Je ne comprends rien !

Sylvie retourna à la maison du lac et s'assit sur le vieux lit. Elle attendit quelques minutes, mais personne n'arriva. Tout à coup, elle entendit un bruit dans la cuisine.

Elle se leva du lit et alla doucement vers la cuisine. Elle essaya de ne pas faire de bruit. Elle voulait voir ce qu'il y avait dans la cuisine. Peut-être ses amies ? Ou sa mère ?

Elle alluma sa lampe de poche et elle vit la créature. Un monstre très grand et très **laid**, tout **poilu**.

Sylvie cria et sortit de la maison en courant.

—Au secours ! Au secours !

La créature courra plus vite qu'elle et la rattrapa. Elle tomba par terre et **donna des coups de pieds**. La créature lui avait pris les jambes et elle ne pouvait pas se libérer.

Sylvie luttait contre la créature quand, tout à coup, la créature s'arrêta et se leva. Elle regarda Sylvie par terre.

—Comment ? Qu'est-ce qu'il se passe ?

Sylvie était **morte de peur**. Tout le monde qui avant était dans la maison sortit de la forêt avec les lampes de poche allumées, mais ils avaient autre chose dans les mains : des **bougies**.

À ce moment-là, elle comprit tout.

La créature enleva son déguisement : c'était son père.

–Joyeux anniversaire, ma chérie !

–Joyeux anniversaire ! –dirent-ils tous.

Sylvie ne savait pas si elle devait rire ou pleurer.

–Papa, c'était toi la créature ? Ça a toujours été toi ?

–Et oui, ma fille. Ça a toujours été moi.

–Et où est Georges ?

Georges sortit de la forêt, mais il n'était pas **sale** et n'avait aucune **blessure**.

–Je suis désolé, Sylvie. **On t'a fait une blague**, mais on va te faire un gros cadeau.

–Quel cadeau ?

Ils se levèrent tous et l'amenèrent en face de la maison.

–Tes parents t'ont acheté cette vieille maison et on va la **restaurer** tous ensemble. Ce sera notre **maison d'été**.

Sylvie **se mit à rire**. Tout le groupe applaudit. Ils pensaient que Sylvie était très **courageuse**.

–J'espère qu'il n'y a pas d'ours par ici, pour les futures excursions qu'on fera–dit-elle.

Annexe du chapitre 3

Résumé

Sylvie voit de la lumière dans la maison du lac. Elle s'approche et entre dans la maison. À l'intérieur se trouvent toute sa famille, ses amis et d'autres personnes. Ils partent à la recherche de Georges, mais ils la laissent toute seule. Elle retourne à la maison et la créature est dans la cuisine. Elle lutte contre la créature, et découvre que c'est son père déguisé. C'est une blague et un cadeau d'anniversaire. La maison du lac sera sa maison d'été.

Vocabulaire

- **la feuille** = leaf
- **faible** = faint
- **autour** = around
- **ici il y a quelque chose qui cloche** = there is something wrong
- **la lampe de poche** = torch
- **poilu** = hairy
- **donna des coups de pieds** = kicked
- **morte de peur** = scared to death
- **la bougie** = candle
- **sale** = dirty
- **la blessure** = wound
- **On t'a fait une blague** = we played a joke on you
- **restaurer** = to restore
- **la maison d'été** = summer house

- **se mit à rire** = began to laugh
- **courageux** = brave

Questions à choix multiple
Sélectionnez une seule réponse pour chaque question

11. La première fois que Sylvie entre dans la maison, elle voit :
    a. Georges
    b. Son père
    c. Tout le monde réuni
    d. La créature
12. Ils décident de :
    a. partir à la recherche de Georges
    b. appeler Georges sur son téléphone portable
    c. le chercher dans la forêt
    d. retourner au village
13. Quand Sylvie reste pensive sur la rive du lac :
    a. Elle voit quelque chose d'étrange dans l'eau
    b. Elle croise son père
    c. Elle croise la créature
    d. Ils la laissent toute seule
14. En retournant à la maison :
    a. Elle entend un bruit dans la cuisine
    b. Ils l'appellent sur son téléphone portable
    c. Marie et Véronique entrent dans la maison
    d. Elle s'endort
15. La créature était :
    a. Sa mère
    b. Georges
    c. Son père
    d. Un ours

Solutions chapitre 3

11. c
12. a
13. d
14. a
15. c

3. Le Chevalier

Chapitre 1 – L'or

Il y a très longtemps, existait un **royaume** plein de gens exotiques, d'animaux et de créatures fantastiques. Dans ce royaume, passait un **chevalier** vêtu en noir et blanc.
Il s'arrêta acheter des fruits sur la **place**.
–Bonjour, chevalier. –lui dit le vendeur de fruits.
–Bonjour.
–Désirez-vous des fruits ?
–Oui, s'il vous plaît.

Le vendeur **remit** plusieurs pommes au chevalier, et le chevalier continua à marcher sur la place. La place était un lieu très grand, avec beaucoup de lumière, beaucoup de gens et différents produits à acheter. Le chevalier s'approcha d'un autre vendeur et lui posa plusieurs questions :

–Bonjour, aimable **commerçant**.
–Bonjour, chevalier.
–Avez-vous des potions ?
–Quel type de potions ?
–Des potions de force.

Le commerçant chercha dans ses **sacs** et dit au chevalier :
–Je suis désolé. Je n'en ai pas en ce moment, mais je peux les préparer.

—Combien de temps prenez-vous pour préparer deux potions de force ?

—Quand ce sera **l'heure de manger**, vous les aurez ici.

—Merci, aimable commerçant.

Le chevalier marchait sur la place, et les gens le regardaient. Personne ne le connaissait, mais il était **célèbre.** Il avait **lutté** contre beaucoup de monstres et de créatures étranges. Il voyageait de royaume en royaume, luttant contre les ennemis des **rois**.

Il arriva à l'entrée du château et là, deux gardes l'arrêtèrent.

—Qui êtes-vous, étranger ? –lui dit un des gardes.

—Je m'appelle Lars. Je veux voir le roi de ce royaume.

—**J'ai bien peur que** vous ne puissiez pas voir le roi. Il est occupé.

Lars **recula** quelques pas et laissa son sac par terre. Le sac contenait beaucoup d'objets étranges et de **parchemins**. Le chevalier sortit de son sac un vieux parchemin et le donna au garde.

—J'ai une invitation pour voir le roi –dit Lars.

Le garde regarda le parchemin. Le parchemin semblait officiel, il portait une signature.

—Très bien –lui dit le garde –, vous pouvez passer.

—Merci.

Le chevalier entra par la grande porte **en pierre** et traversa le **pont** vers le château. Le château était très grand, très haut, avec de grandes **murailles**. Lars arriva à la deuxième porte. Là, les gardes le laissèrent passer et il entra dans la **salle** du château.

La salle était très grande et très décorée. Il y avait beaucoup de gardes qui le regardaient avec **méfiance**. Ils ne savaient pas ce que Lars faisait là. Le roi Andur descendit par des escaliers de la salle. Il était entièrement vêtu en rouge et portait une **couronne en or**.

–Vous êtes Lars ? –lui dit le roi Andur.
–Oui, je suis Lars.
–Que faites-vous ici, dans mon château ?
–Je suis venu pour vous parler.
–Venez dans mes **appartements**.

Dans les appartements du roi, Lars et le roi Andur s'assirent sur deux chaises différentes. Lars buvait un vin que le roi lui avait donné.
–Merci pour le vin, Majesté –lui dit-il.
–Maintenant dites-moi, chevalier. Que voulez-vous ?
–J'ai entendu dire que vous aviez besoin d'aide.
–Et qu'avez-vous entendu exactement ?
–Vous avez besoin de quelqu'un pour transporter un chargement d'or au royaume de votre frère, mais **vous** ne **faites confiance** à personne pour le faire.

Le roi réfléchit quelques minutes à la proposition de Lars.
–Pourquoi **devrais**-je vous faire confiance, chevalier ?

—Les gens m'ont fait confiance **pendant longtemps**. Je n'ai jamais **escroqué** personne.

—C'est beaucoup d'or.

—Oui, c'est beaucoup d'or, mais je ne veux pas plus d'or. J'en ai déjà beaucoup. J'ai connu bien des aventures et j'ai beaucoup d'expérience

—Alors, pourquoi voulez-vous continuer d'autres aventures ?

—Je continue les aventures parce que c'est ma vie. J'aime voyager et explorer le monde.

Quelques minutes plus tard, le roi Andur se décida :

—D'accord, Lars. Descendez **à nouveau** les escaliers et dites à mes gardes que vous allez transporter le chargement d'or au royaume de mon frère.

—Merci, roi Andur.

—**Ne me remerciez pas encore**. Quand je recevrai des nouvelles de mon frère, tout ira bien.

Le chevalier descendit les escaliers et parla avec les gardes. Les gardes dirent :

—Lars ! Vous voici ! Nous avons entendu que vous allez transporter le chargement d'or.

—Oui, je vais transporter l'or au royaume du frère du roi.

—Compris. Nous allons vous aider. Je vais appeler les deux autres gardes.

Peu de temps après, un groupe de trois gardes, avec des **épées** et des **boucliers**, prirent la route avec le chevalier.

La route du nord menait directement au royaume du frère du roi Andur. Là, les **chevaux** et le chargement attendirent pour **entreprendre le voyage.**

Le chevalier dit :

—Pardonnez-moi un instant. Je dois aller sur la place.

Le chevalier retourna parler avec l'aimable commerçant.

—Avez-vous mes potions ?

—Oui, elles sont ici !

Le commerçant lui donna les potions dans la main et dit :

—Ce sont 3 pièces d'or.

Le chevalier lui donna 3 pièces d'or.

—Merci, aimable commerçant. Bonne journée.

—À vous également, et bon voyage !

Lars retourna au chargement où les trois gardes attendaient. Les chevaux avaient mangé et tout était prêt.

Un des gardes, nommé Alfred, lui dit :

—Vous êtes prêt, Lars ?

—Oui, tout est prêt. Nous pouvons commencer le voyage.

—Avant de commencer, je dois vous dire que nous sommes les meilleurs gardes du roi. Nous **règlerons** tout problème qui puisse se trouver sur notre chemin. Si vous essayez de **voler** l'or, nous vous tuerons.

—Ça alors ! —dit Lars—. Quelle amabilité !

—Ce n'est pas une menace, chevalier, seulement un **avertissement**.

—Très bien, allons-y !

Les chevaux commencèrent à marcher. Les sacs d'or se trouvaient à l'arrière des chariots. Lars sourit alors que le groupe commençait à marcher sur le chemin de la forêt.

Annexe du chapitre 1

Résumé

Le chevalier voyage au royaume du roi Andur. Là, il achète deux potions et marche vers le château. Il parle avec le roi pour transporter un chargement d'or au royaume de son frère. Trois gardes du roi voyagent avec lui. Le voyage commence à la sortie du château.

Vocabulaire

- **le royaume** = kingdom
- **le chevalier** = knight
- **la place** = square, marketplace
- **remit** = handed
- **le commerçant** = shop assistant
- **le sac** = bag
- **l'heure de manger** = lunch time
- **célèbre** = famous
- **lutté** = fought
- **le roi** = the king
- **j'ai bien peur que…** = I'm afraid…
- **il recula** = he went back
- **le parchemin** = scroll
- **la pierre** = stone
- **le pont** = bridge
- **la muraille** = wall
- **la salle** = hall
- **la méfiance** = distrust

- **la couronne en or** = gold crown
- **les appartements (m.pl.)** = throne room
- **vous faites confiance** = you trust
- **devrais** = should
- **pendant longtemps** = for far too long
- **escroqué** = cheated
- **à nouveau** = again
- **ne me remerciez pas encore** = don't thank me yet
- **l'épée (f.)** = sword
- **le bouclier** = shield
- **les chevaux** = horses
- **entreprendre le voyage** = to undertake the journey
- **nous règlerons** = we will sort out
- **voler** = to steal
- **l'avertissement (m.)** = warning

Questions à choix multiple
Sélectionnez une seule réponse pour chaque question

1. Le chevalier est vêtu des couleurs suivantes :
    a. Noir et rouge
    b. Noir et blanc
    c. Noir et bleu
    d. Blanc et rouge
2. Le chevalier achète :
    a. Une potion de force
    b. Deux potions de force
    c. Une potion de pomme
    d. Deux potions de pomme
3. Dans l'entrée du château, Lars :
    a. Parle avec le roi
    b. Parle avec un aimable commerçant
    c. Parle avec le frère du roi
    d. Parle avec les gardes
4. Le chargement du voyage est constitué de :
    a. pommes
    b. potions
    c. or
    d. gardes
5. La destination du voyage est :
    a. Un royaume inconnu
    b. Le royaume du frère d'Andur
    c. La forêt du royaume
    d. La place du royaume

Solutions chapitre 1

1. b
2. b
3. d
4. c
5. b

Chapitre 2 – La forêt

Le chevalier continua le chemin avec les trois gardes. Le chargement d'or était avec eux. Les chevaux aussi.

Alfred, **un des** gardes, lui dit :
–Lars, savez-vous ce qu'il y a sur le chemin ?
–Oui, Alfred. Le chemin n'est pas calme. Il y a beaucoup de dangers. Nous essaierons de ne pas **nous battre contre** les créatures les plus dangereuses du chemin.
–Savez-vous vous battre, Lars ?
–Comme vous le savez, je suis célèbre pour les missions que j'ai réalisées. Je sais très bien me battre.
–Me voilà rassuré. Allons-y !

Le chevalier Lars et les trois gardes traversèrent un grand pont en pierre. Il était **semblable** au pont du château du roi Andur.

–Alfred –dit Lars–, ce pont est très semblable au pont du château.
–Oui, Lars. Nous l'avons construit il y a très longtemps.
–Vous ?
–Nous non, les gens du **royaume**, il y a longtemps.

Après avoir traversé le pont **en pierre**, il y avait une grande forêt. Il y avait beaucoup d'arbres dans la forêt, mais elle était très silencieuse. Il n'y avait pas d'animaux, et on n'entendait rien.

–Pourquoi cette forêt est-elle si silencieuse ? –dit Alfred.

−Nous sommes entrés dans la Forêt Silencieuse. Il n'y a pas d'animaux ici.
−Pourquoi ?
−Il y a longtemps, il y eut une grande bataille entre les deux rois frères.

Alfred ne le savait pas. Il pensait que le roi Andur et son frère **se faisaient confiance l'un l'autre**.
−Vous êtes surpris, Alfred ? −dit Lars.
−Oui −répondit-il.
−Pourquoi ?
−Je pensais que les deux rois frères ne **s'étaient jamais disputés**.
−Et bien si, ils se sont disputés il y a longtemps.

La Forêt silencieuse était très sombre et **on voyait à peine** la lumière du soleil. Les arbres étaient très hauts, avec des branches très grandes.
−Savez-vous par où nous allons, chevalier ? −dit Alfred.
−Oui, la forêt est très sombre, mais je sais **par où passer**.
−Vous êtes déjà passé par ici ?

Le chevalier Lars sourit et dit :
−Oui, je suis déjà passé par ici.
−Quand ?
−Il y a longtemps.

Lars **se rappela** de ces années, quand le roi Andur et son frère se disputaient. Une des plus grandes **batailles** eut lieu dans la forêt. Avant, elle s'appelait la Forêt des Animaux. Après la grande bataille, elle s'appela la Forêt Silencieuse.

Lars dit :

—Quand j'étais plus jeune, **je luttai pour** le roi Andur. Il y eut une grande bataille ici.

—Pourquoi cette bataille eut lieu ?

— C'est le roi Andur qui commença la bataille.

—Et pourquoi se disputa-t-il avec son frère ?

—Le roi Andur voulait une **source** qu'il y avait dans la forêt.

Ils marchèrent quelques minutes sans rien dire. Alfred réfléchissait. Il voulait en savoir plus sur la grande bataille. Il voulait savoir ce qui s'était passé il y a quelques années. Il pensait que le roi Andur était un roi pacifique, qu'il ne luttait contre personne.

—Puis-je vous demander autre chose, chevalier ?

—Oui, ce que vous voulez.

—Qu'est-ce que c'est cette source ?

—Attendez et vous verrez.

Lars et Alfred **se turent** pendant une heure. La lumière du soleil ne se voyait toujours pas. On ne voyait que les arbres, il y avait un silence absolu et rien de plus. Finalement, ils arrivèrent à un lac.

—Nous sommes arrivés au lac –dit le chevalier.

—Qu'est-ce que c'est ce lac ?

—Il y a longtemps, ce lac était une source.

—La source dont vous m'avez parlée avant ?

—Oui.

Le groupe des trois gardes et le chevalier se rapprochèrent de l'eau du lac. Lars parla :
–Il y a longtemps, c'était seulement une source. Il y avait peu d'eau, il n'y en avait pas autant. Et l'eau était magique. Boire cette eau **donnait des pouvoirs**.
–Quel type de pouvoirs ?
–La personne qui buvait l'eau devenait très **puissante**.

Alfred prit un peu d'eau dans ses mains et but.
–**On dirait de l'eau normale** –dit-il.
–Bien sûr – dit Lars–, maintenant c'est de l'eau normale. Mais il y a longtemps, elle était magique.

Alfred **s'essuya les mains** et dit :
–Et que se passa-t-il quand l'eau était magique ?
–Les deux rois frères luttèrent pour le peu d'eau magique qu'il y avait. Ils **prirent** toute l'eau qu'il y avait et leurs soldats **burent** tout. Il en resta seulement un peu.
–Et où se trouve cette petite quantité d'eau magique ?
–Elle est perdue. Seulement quelques **marchands** ont le peu d'eau magique qu'il reste. Allons-nous-en de cette forêt.

Le groupe et les chevaux suivirent le chemin. On voyait le soleil dans le ciel, en sortant de la forêt. Les arbres **n'étaient plus aussi hauts** et on voyait mieux le paysage.
–Nous sommes enfin sortis de la Forêt Silencieuse – dit Lars.
–Où sommes-nous ?
–Nous sommes presque arrivés. **Nous avons eu de la chance**. Nous n'avons vu aucune créature ni aucun monstre.

Alfred avait l'air effrayé.

—Il y a des créatures et des monstres dans la forêt ?

Lars rit.

—Oui, il y en a beaucoup, mais nous avons voyagé de jour. Il n'y a pas beaucoup de créatures le jour. Il y en a plus la nuit.

—Pourquoi ne l'avez-vous pas dit avant ?

—Je ne voulais pas vous inquiéter.

—Très bien, allons-y !

Le groupe continua à avancer sur le chemin. Ils virent une ville au loin. Cette ville semblait être le royaume du frère du roi Andur. Les gardes n'étaient jamais allés là-bas.

—C'est le royaume ? —dit Alfred.

—Oui, c'est le royaume. C'est là que nous devons **livrer** le chargement d'or.

—Il y a une chose que je ne vous ai pas demandée, chevalier.

—Dites-moi.

—A quoi va servir cet or ?

—Le roi Andur a perdu la bataille de la Forêt silencieuse. Depuis **lors**, le roi Andur doit **payer tous les ans** une certaine quantité en or à son frère.

—Pourquoi doit-il payer de l'or à son frère ? Ne sommes-nous pas **en paix**?

— Nous sommes en paix, mais son frère possède une chose que le roi Andur n'a pas.

—Qu'a-t-il ?

—De l'eau magique. Et j'ai ici deux potions fabriquées avec cette eau.

Lars sortit les potions qu'il avait achetées au commerçant avant la mission et il les montra aux gardes.

Annexe du chapitre 2

Résumé

Le chevalier et les gardes du roi Andur voyagent hors du royaume. Sur le chemin, le chevalier Lars leur raconte une histoire. Le roi Andur lutta contre son frère dans une bataille. La bataille eut lieu dans la Forêt silencieuse. Son frère gagna la guerre et maintenant il a l'eau magique qui donne beaucoup de force à celui qui la boit.

Vocabulaire

- **un des** = one of the
- **nous battre contre** = to fight against
- **semblable** = similar
- **le royaume** = kingdom
- **en pierre** = (made of) stone
- **se faisaient confiance l'un l'autre** = trusted each other
- **s'étaient jamais disputés** = had never quarreled
- **on voyait à peine** = he hardly saw
- **par où passer** = which way to go
- **se rappela** = recalled
- **la bataille** = battle
- **je luttai pour** = I fought for...
- **la source** = spring
- **on dirait de l'eau normale** = it tastes like normal water
- **s'essuya les mains** = wiped his hands
- **prirent** = took

- **burent** = drank
- **le marchand** = merchant
- **se turent** = were silent; kept quiet
- **donnait les pouvoirs** = gave powers
- **puissant** = powerful
- **n'étaient plus aussi hauts** = were not so high
- **nous avons eu de la chance** = we were lucky
- **livrer** = deliver
- **payer tous les ans** = to pay each year
- **lors** = then
- **en paix** = at peace

Questions à choix multiple
Sélectionnez une seule réponse pour chaque question

6. Le chevalier Lars :
    a. Connaît le chemin
    b. Il ne connaît pas le chemin
7. Dans le groupe voyagent :
    a. Trois gardes et Lars
    b. Deux gardes et Lars
    c. Un garde et Lars
    d. Lars voyage seul
8. Dans la Forêt silencieuse :
    a. Il ne s'est rien passé
    b. Une guerre eut lieu entre les deux frères
    c. Une guerre inconnue eut lieu
9. La source de la Forêt silencieuse :
    a. Existe encore
    b. N'a jamais existé
    c. Est maintenant un lac
10. En sortant de la Forêt silencieuse :
    a. Il y a une autre forêt
    b. Il y a une mer
    c. Ils retournent au royaume du roi Andur
    d. Ils voient le royaume du frère du roi Andur

Solutions chapitre 2

6. a
7. a
8. b
9. c
10. d

Chapitre 3 – Le secret

Le chevalier **rangea à nouveau** les potions.
Alfred dit :
—Nous entrons dans le royaume d'Arthuren.
—Oui, Alfred. C'est le royaume du frère du roi Andur.
—Par où allons-nous entrer ?
—Par la route principale.

Les chevaux continuèrent le chemin et descendirent par un **versant** splendide, **plein d'herbe**, d'arbres de **printemps** et de **ruisseaux** avec beaucoup d'eau. Alors qu'ils voyageaient sur le chemin, ils virent beaucoup de **paysans**.

Les paysans vivaient à l'extérieur des **murailles** du royaume. Ils cultivaient la terre et **faisaient les récoltes** pour alimenter les gens qui vivaient à l'intérieur des murailles.

Un des paysans s'arrêta **en voyant que** le groupe s'approchait sur le chemin.
—Bonjour, **seigneur** ! —dit-il.
—Bonjour, noble paysan —lui répondit le chevalier Lars.
—Où allez-vous ?
—Je me dirige vers l'intérieur. À l'intérieur de la muraille du royaume.

La femme du paysan s'approcha.
—Qui sont ces hommes ? —demanda-t-elle à son mari.

Son mari ne répondit pas parce qu'il ne connaissait pas la réponse. Elle demanda donc directement à Lars :

—Qui êtes-vous ? Je vois que les chevaux portent un chargement.

—Nous venons en mission pour le roi Andur.

Les paysans se turent quelques secondes. Puis, l'homme parla :

—J'espère qu'il n'y a rien de grave.

—Ne vous inquiétez pas –lui dit Lars avec un sourire–, tout va bien.

—**Je m'en réjouis**. Continuez.

Le groupe continua son voyage à travers les champs des paysans et Alfred demanda à Lars :

—**On dirait qu'**ils avaient peur ou qu'ils étaient inquiets.

—Et ils l'étaient.

—Pourquoi ?

—Parce qu'il existe un secret que le roi Andur ne connaît pas. Seuls les gens de ce royaume le connaissent.

—Et qu'est-ce que c'est ? Y a-t-il un danger ?

Lars ne dit rien et ils continuèrent leur chemin jusqu'à ce qu'ils virent un grand pont en pierre, semblable à celui du roi Andur.

Deux gardes se trouvaient sur le pont. **L'un d'eux** s'approcha et demanda à Alfred :

—Vous venez **de la part** du roi Andur ?

—Oui. Ce chevalier nous a protégés sur le chemin et les deux autres gardes nous accompagnent.
—Très bien. C'est le chargement annuel ?
—Exact. C'est le chargement annuel.

Le garde d'Arthuren **fit un geste** pour ouvrir la porte. L'autre garde ouvra la porte et ils passèrent.

Ils arrivèrent sur une place. Il y avait beaucoup de gens, de marchands, de paysans qui revenaient de travailler et beaucoup de gardes.

Ils marchèrent sur la place et Alfred s'étonna :
—Ce lieu **me semble familier**.
—Il ressemble à la place du royaume du roi Andur.
—Oui, elle est **quasiment** identique.

Alfred parla avec les gens du coin, les marchands, les paysans et avec les gardes et dit à Lars :
—Tous les gens d'ici semblent très aimables.
—Il y a longtemps, ces deux royaumes étaient **unis** – dit Lars.

Le chargement et les chevaux entrèrent par la porte du château. Le château était aussi très semblable au château du roi Andur. Les gardes d'Arthuren **emmenèrent** les chevaux à un autre endroit, pour **décharger** l'or. Lars et Alfred allèrent voir le roi. Le roi leur dit :
—Bienvenue dans mon royaume !
—Bonjour, Majesté.
—C'est toi, Lars ! Je me réjouis de te voir !

–Je me réjouis aussi de vous voir, Majesté.

Alfred ne comprenait rien. Pourquoi se connaissaient-ils ?

–Tu as apporté tout l'or, Lars ?
–Oui, il est à vous.
–Excellent ! Nous pouvons commencer notre plan.

Alfred eut peur. Quel plan ?
Lars sortit ses potions de force, les potions qu'il avait achetées au commerçant de la place, avant de réaliser la mission.
–Que se passe-t-il ici ? –dit Alfred.
–Nous avons quelque chose à te raconter, Alfred.
–Que se passe-t-il ?

Alfred s'éloigna d'eux de quelques pas, l'air effrayé. Comment se connaissaient le roi et le chevalier Lars ? Pourquoi Lars avait-il sorti ses potions de force ? Le royaume d'Arthuren n'avait-il pas l'eau magique pour pouvoir les fabriquer ?

Lars s'approcha d'Alfred :
–Alfred –lui dit-il–, l'eau magique de ce royaume s'est terminée **il y a longtemps**.
–Et le roi Andur le sait-il ?
–Non, il ne le sait pas.
–Et pourquoi donnez-vous les potions de force à ce roi ?
–Ce sont les dernières potions de force, les dernières fabriquées avec de l'eau magique.

—Et qu'allez-vous en faire ?
—**Nous allons en fabriquer** beaucoup plus.

Alfred **se sentit trahi**.
—**Vous m'avez menti** ! –dit-il
—Je vous ai menti pour maintenir la paix.
—Comment les deux rois frères vont-ils maintenir la paix ? Le secret qu'il ne reste plus d'eau magique n'est pas encore connu. Mais un proche du roi Andur va le savoir.

Le chevalier Lars ne souriait pas.
—Alfred, si le roi Andur apprend qu'il ne reste plus d'eau magique, **la paix sera brisée**. Le roi Andur attaquera Arthuren et tout sera fini.
—Est-ce pour cela que vous avez besoin de fabriquer plus de potions ?
—Oui, uniquement pour maintenir la paix.

Alfred n'était pas d'accord.
—Et mon royaume continuera à payer en or tous les ans, **par peur** ?
Lars lui dit :
—Je ne contrôle pas cela, Alfred.
—Je suis désolé –répondit Alfred–. Majesté, Lars, je dois m'en aller.

Quand Alfred quitta le royaume, Lars **l'interpella** une dernière fois pour lui demander son aide :
—Dites à votre roi, au roi Andur, le secret.
—Pourquoi ?

–Parce que le commerçant qui m'a vendu les deux dernières potions travaillait pour lui. Son royaume a **également** de l'eau magique.

–Il va y avoir une guerre ?

–Nous ne le savons pas, mais nous essaierons qu'aucune guerre n'**éclate**. Mais, maintenant, allez-vous-en et dites-le-lui.

–Jusqu'à ce que nous nous revoyons, chevalier.

Annexe du chapitre 3

Résumé

Le groupe voyage sur le chemin. Ils parlent avec des paysans qui travaillent la terre et entrent sur la place. La place du royaume d'Arthuren ressemble à celle du royaume du roi Andur. Ils parlent avec le roi d'Arthuren et le chevalier Lars lui donne les dernières potions de force. Il y a un secret : Arthuren n'avait plus d'eau magique. Finalement, si le roi Andur apprend le secret, une guerre pourrait éclater.

Vocabulaire

- **rangea à nouveau** = put away again
- **le versant** = hillside
- **plein d'herbe** = full of grass
- **le printemps** = spring
- **le ruisseau** = stream
- **le paysan** = farmers
- **murailles** = walls
- **faisaient les récoltes** = collect in the harvest
- **en voyant que** = upon seeing that
- **seigneur** = lord, sire
- **Les paysans se turent** = the peasants were silent
- **Je m'en réjouis** = I'm pleased about that
- **où vous dirigez-vous ?** = Where are you going?
- **on dirait que** = it seems
- **L'un d'eux** = one of them
- **de la part de** = on behalf of

- **fit un geste** = made a gesture
- **me semble familier** = I am familiar with
- **quasiment** = almost
- **uni** = united
- **emmenèrent** = led away
- **décharger** = to unload
- **Alfred s'éloigna d'eux de quelques pas** = Alfred took a few steps away from them
- **il y a longtemps** = long ago
- **nous allons en fabriquer** = we're going to make/produce some
- **se sentit trahi** = he felt betrayed
- **Vous m'avez menti** = You've lied to me
- **la paix sera brisée** = the peace will be broken
- **par peur** = out of fear
- **l'interpella** = called out to him
- **également** = also
- **éclater** = to break out
- **Jusqu'à ce que nous nous revoyons** = until we meet again

Questions à choix multiple
Sélectionnez une seule réponse pour chaque question

11. La première personne du royaume qui parle avec eux est :
    a. Le roi
    b. La reine
    c. Un paysan
    d. Une paysanne
12. La place du royaume Arthuren :
    a. Ne ressemble pas à celle du roi Andur
    b. Ressemble à celle du roi Andur
    c. Ils ne vont pas sur la place du royaume
13. Lars et le roi Arthuren :
    a. Se disputent
    b. Ne se connaissent pas
    c. Se connaissent
14. Lars sort :
    a. Une épée
    b. 1 potion de force
    c. 2 potions de force
    d. Toutes les réponses précédentes
15. Le secret était :
    a. Le royaume d'Arthuren n'a plus d'eau magique
    b. Le roi Andur va attaquer le royaume d'Arthuren
    c. Lars est le roi d'Arthuren
    d. L'or est faux

Solutions chapitre 3

11. c
12. b
13. c
14. c
15. a

4. La Montre

<u>Chapitre 1 – Légende</u>

Charles était **horloger**. C'était un homme qui travaillait beaucoup. Il avait **son propre atelier** à Cayenne, en Guyane française. Il travaillait jour et nuit. Il réparait des **montres**, créait ses propres montres, et réalisait d'autres commandes spéciales.

C'était un homme d'âge moyen et il n'était pas marié. Ses parents vivaient en France. Il vivait seul dans une petite maison, dans une rue de Cayenne. Il était **mince** et grand, mais très fort.

Charles aimait se promener sur la plage de Cayenne. Il travaillait souvent la nuit et pour se reposer, il se promenait. Il sortait de son atelier et marchait quelques minutes pour **se dégourdir les jambes.**

Une nuit, en se promenant, il croisa **une vieille amie**. Elle s'appelait Suzanne.
—Charles ! Comment ça va ?
—Salut, Suzanne ! Qu'est-ce que tu fais sur la plage **à cette heure-ci** ?
—Je me promène, tout comme toi.
—Je vois ça.

Charles et Suzanne se promenèrent un long moment et parlèrent de beaucoup de choses. Ils parlèrent de leur travail, de leur famille, du pays et de tout en général.

Suzanne lui dit :

−Comment tu te sens dans ton travail ? Tu travailles beaucoup ?

−Oui, j'ai beaucoup de travail et mes clients en sont contents.

−Je m'en réjouis, Charles.

Suzanne travaillait de nuit au port. Elle **surveillait** les bateaux qui entraient et sortaient du port.

−Charles, j'ai trouvé quelque chose.

−Qu'est-ce que tu as trouvé, Suzanne ?

Suzanne sortit de sa poche une vieille montre. Elle semblait très ancienne. Elle ne savait pas ce que c'était.

−Tu peux me dire quel type de montre c'est ?

−Laisse-moi voir…

Charles la prit dans sa main et l'observa attentivement.

−Je n'en ai aucune idée −dit-il finalement.

Suzanne s'étonna.

−Tu ne sais pas ce que c'est ?

−Bon, je sais que c'est une montre, mais elle est très ancienne. Tu dois aller travailler maintenant, Suzanne ?

−Non, je travaille dans une heure.

−Allons à mon atelier, j'ai des livres qui peuvent nous aider.

Charles et Suzanne allèrent à son atelier. La porte de l'atelier était très vieille et très sale. À l'intérieur de l'atelier, il y avait beaucoup d'appareils, des montres, des mécanismes et différentes pièces. C'était son travail. Suzanne n'avait jamais été dans son atelier.

–**Ça alors !** –dit-elle–. Tu as beaucoup de choses ici !
–Oui, j'ai beaucoup de travail et j'aime ce que je fais.
–Ça c'est bien !

Charles fit un geste à Suzanne **pour qu'elle l'accompagne** dans une **pièce**. Dans cette pièce, il y avait beaucoup de livres. Les livres étaient très grands et très vieux. Le **titre** de beaucoup de ces livres ne pouvait pas être lu.

–Qu'est-ce qu'on fait ici ? –dit-elle.
–On va chercher des informations.
–Des informations sur quoi ?
–J'ai besoin de savoir quel est ce type de montre. **Je n'ai jamais rien vu de tel**.

Charles et Suzanne passèrent quelques minutes à chercher des informations dans les livres. Elle trouva quelque chose dans un livre qui parlait des Caraïbes et de pirates.

–J'ai trouvé quelque chose ! –dit-elle.
Charles ferma son livre et s'approcha de Suzanne.
–Qu'est-ce que tu as trouvé, Suzanne ?
–Un livre de pirates.

Charles **s'étonna** beaucoup. Un livre de pirates ? Pourquoi est-ce qu'un livre de pirates parlerait de montres ? **Ça n'avait aucun sens.**

Suzanne parla :

−Ce livre parle de pirates et des Caraïbes. Il parle de l'époque où la France **luttait contre** les pirates dans la mer des Caraïbes.

−Je ne comprends toujours pas. Pourquoi il parle de montres ?

−Écoute.

Suzanne continua de lire.

−Ce livre dit qu'il exista un pirate célèbre. Son nom était Eric le Kraken. Sa montre était une montre très spéciale et avait des **pouvoirs étranges.**

−Quel type de pouvoirs étranges ?

−Il disait qu'avec cette montre, il pouvait voyager dans le temps. C'est une légende.

Charles rit beaucoup et dit :

−Un pirate avec une montre qui voyageait dans le temps ? Quelle **bêtise!**

Juste au moment où Charles dit que c'était une bêtise, un bruit se fit entendre dans l'atelier où il réparait les montres.

−Qu'est-ce c'est, Suzanne ?

−Je ne sais pas ! Allons voir !

Ils retournèrent à l'atelier et la montre du pirate n'était plus là. Elle avait disparu. La porte était ouverte. On entendait des bruits de pas de quelqu'un qui s'en allait.

–On nous a volé la montre ! –dit Charles.

–Tu vois, Charles ? Cette montre a quelque chose de spécial. Ce n'est pas une montre commune.

– **Poursuivons-le** !

Charles et Suzanne coururent hors de l'atelier et retournèrent à la plage. Il y avait des empreintes dans le **sable**. Des empreintes très profondes et grandes, comme d'un homme très robuste.

–Regarde, Charles ! Il est là-bas !

Charles **courut derrière** l'homme qui avait volé la montre et lui cria :

–Hé ! Arrêtez-vous ! Arrêtez-vous tout de suite !

L'homme robuste **ne tint pas compte** de l'avertissement et continua de courir. Charles cria plus fort :

–Arrêtez-vous ! S'il vous plaît, arrêtez-vous !

L'homme continua à ne pas faire attention. Charles courut alors encore plus vite et **l'atteignit**. Il **poussa** l'homme et il **tomba** dans le sable. L'homme cria et **se plaignit**.

–Lâchez-moi ! Je n'ai rien fait ! C'est ma montre !

L'homme avait un drôle d'aspect. Il ne ressemblait pas à un homme moderne, ni même à un vieil homme vêtu avec des vêtements d'il y a longtemps.

Charles et Suzanne le regardèrent fixement **alors qu**'il se levait. L'homme robuste enleva le sable de ses vêtements. Il avait la montre dans sa main droite et les regardait avec **méfiance**.

–Que voulez-vous ? Pourquoi me regardez-vous ainsi ?

L'homme robuste parlait avec un accent très étrange et un français très bizarre. Charles lui dit :
–Vous avez volé ma montre. Vous êtes entré dans mon atelier et vous l'avez prise sans mon autorisation.

–Non ! –dit l'homme robuste–. C'est vous qui me l'avez volée ! Moi, je l'ai seulement récupérée ! Elle est à moi !
Charles et Suzanne se regardèrent.
Suzanne dit à l'homme robuste :
–Qui êtes-vous ?
–Je suis Eric le Kraken. Je dois retourner au XVIIe siècle.

Annexe du chapitre 1

Résumé

Charles est horloger. Il travaille beaucoup et pour se reposer, il se promène sur la plage. Une nuit, en se promenant avec Suzanne, elle lui dit qu'elle a trouvé une montre. La légende dit que la montre a des pouvoirs étranges pour voyager dans le temps. La montre est volée par un homme étrange. L'homme étrange est le pirate Eric le Kraken.

Vocabulaire

- **l'horloger** = watchmaker
- **son propre atelier (m.)** = his own workshop
- **mince** = slim
- **se dégourdir les jambes** = stretch one's legs
- **une vieille amie** = an old friend (female)
- **à cette heure-ci** = at this time
- **surveillait** = guarded
- **la montre** = watch
- **Ça alors !** = yikes!
- **pour qu'elle l'accompagne** = to accompany him
- **une pièce** = a room
- **le titre** = title
- **je n'ai jamais rien vu de tel** = I've never seen anything like this
- **s'étonna** = was astonished
- **ça n'a pas de sens** = it has no sense

- **luttait contre** = fought (against)
- **les pouvoirs étranges** = strange powers
- **la bêtise** = nonsense
- **poursuivons-le** = Let's go after him!
- **le sable** = sand
- **le siècle** = century
- **il courut derrière** = he gave chase
- **ne tint pas compte de** = ignored
- **l'atteignit** = reached him
- **il poussa** = he pushed
- **il tomba** = he fell
- **il se plaignit** = he complained
- **alors que** = while
- **méfiance** = distrust

Questions à choix multiple
Sélectionnez une seule réponse pour chaque question

1. Charles travaille comme :
    a. Horloger
    b. Pêcheur
    c. Pirate
    d. Il n'a pas de travail
2. Suzanne est :
    a. Sa petite amie
    b. Sa femme
    c. Sa fille
    d. Son amie
3. Pour se reposer, Charles :
    a. Se promène dans les rues de Cayenne
    b. Se promène dans son atelier
    c. Se promène sur la plage
    d. Lit des livres
4. La légende dit que la montre :
    a. Appartient à l'Espagne
    b. Appartient à la France
    c. A des pouvoirs étranges
    d. Est la montre d'un roi
5. La montre disparaît de l'atelier de Charles parce que :
    a. Suzanne l'a volée
    b. Un homme inconnu l'a volée
    c. Ils l'ont perdue
    d. Elle a disparu par magie

Solutions chapitre 1

1. a
2. d
3. c
4. c
5. b

Chapitre 2 – Les Caraïbes

–Vous ? Eric le Kraken ? –dit Charles.

Charles s'approcha de lui. Il ressemblait à un ancien pirate. Un pirate des Caraïbes. Un pirate dont parlent les légendes et les **contes**. Cela pourrait-il être vrai ?

–Oui, c'est moi.

Charles comprenait maintenant les étranges pouvoirs de la montre.

–Je comprends maintenant... La légende est vraie !

–Quelle légende ? –dit Eric.

–La légende de votre montre.

Eric regarda Charles et Suzanne.

–Comment savez-vous cela ?

Suzanne répondit :

–C'est écrit dans les livres de légendes.

–D'un livre, vous dites ? Ah ! Alors je suis célèbre !

–Non, ... Pas exactement, seulement votre montre.

Eric fit quelques pas dans le sable, l'air pensif. Il sortit sa montre de sa **poche** et dit :

–Cette montre est à moi. Je ne l'ai pas fabriquée, mais je l'ai trouvée dans le trésor d'un autre pirate.

–Un autre pirate ? –dit Charles.

–Oui, je ne sais pas qui. Il n'y avait personne qui **gardait** le trésor.

Charles comprit alors qu'Eric le Kraken avait seulement trouvé la montre. Il ne savait pas comment elle fonctionnait. Eric ne savait pas non plus pourquoi la montre avait ces pouvoirs étranges.

Charles dit au pirate :

—Eric, savez-vous comment fonctionne cette montre ?

—Je ne sais pas. **De temps en temps**, si je la prends dans ma main, elle me transporte à votre époque. Quelques minutes après, si je l'ai dans ma main, je retourne à mon époque. Il reste peu de temps avant de repartir.

—Et pourquoi est-ce que vous êtes ici ?

—J'aime voir comment les choses ont changé. Il n'y a plus de pirates dans les Caraïbes ! Il y a des **bâtiments** très hauts ! Il y a même des **machines volantes** !

Charles et Suzanne sourirent. Le pirate n'était pas habitué à voir des choses normales comme celles qu'ils voyaient tous les jours. Il paraissait un peu **fou**.

Eric prit à nouveau la montre avec force et dit :

—Dans quelques secondes, je retournerai à mon époque. Mon époque et lieu d'**il y a des centaines d'années**.

Charles et Suzanne se regardèrent. Ils parlèrent entre eux.

—À quoi tu penses, Suzanne ?

— À quoi je pense, tu dis ?

—Tu veux aller aux Caraïbes du XVIIe siècle ?

Suzanne resta pensive.

—Allons-y ! —lui dit-elle finalement.

Charles et Suzanne s'approchèrent d'Eric le Kraken et lui dirent :
—On veut partir avec vous.
—Vraiment ? —dit Eric.
—Oui. La montre fonctionne si on la touche tous les trois ?
—Oui, elle fonctionne. **Il suffit de** poser vos mains sur la montre.

Les trois touchèrent la montre et se transportèrent aux Caraïbes du XVIIe siècle, où les bateaux de France luttaient contre les pirates.
La nuit se transforma en jour et **soudain**, ils étaient dans un camp pirate. De nombreux pirates les regardèrent.

L'un d'eux, à la **peau mate** et les cheveux longs, s'approcha d'Eric le Kraken.
—Salut, capitaine ! Vous êtes enfin revenu !

Les trois lâchèrent la main de la montre. Charles et Suzanne étaient **sous le choc**. Eric le Kraken était leur capitaine. Il dit à ses hommes :
—Écoutez ! Je vais vous présenter... !

Eric le Kraken **se rendit compte** qu'il ne connaissait pas leurs noms. Il regarda les deux amis et leur dit :
—Comment vous appelez-vous ?
—Charles et Suzanne.
—C'est ça ! Les gars, je vous présente Charles et Suzanne !

Les pirates ne semblaient pas très alarmés. Ils connaissaient les pouvoirs de la montre et ils y **étaient habitués**. Leur capitaine s'en allait et revenait grâce à la montre.

Le pirate à la peau mate, nommé Frank, dit à son capitaine :

–**Cette fois-ci** vous revenez avec quelqu'un !

–Oui, Charles et Suzanne vont nous aider dans notre mission.

Charles dit à Eric :

–Une mission ? Quelle mission ?

–Vous allez nous aider à gagner la bataille contre les bateaux français.

–Comment ? Vous n'aviez rien dit de cela avant !

Eric le Kraken s'éloigna dans sa **tente** sur la plage. La **rive** de la plage était **pleine** de bateaux pirates. Charles et Suzanne restèrent seuls avec Frank.

–Je m'appelle Frank. Je suis désolé.

–Pourquoi tu es désolé ? –lui dit Suzanne.

–Eric est désespéré. Les bateaux français connaissent la montre. Ils veulent l'obtenir **à tout prix**. Pour cela, ils nous attaquent toutes les nuits. Nos bateaux luttent contre les leurs. Vous nous aiderez à nous **échapper** ?

On entendait des **bruits** de bataille, de canons, au loin.

Charles dit :

–Comment est-ce que vous voulez qu'on vous aide ?

—Vous, vous savez ce qui va se passer. Vous vivez dans le futur.

—Non, non, non. On ne sait pas pas ce qui va se passer. La montre est seulement une légende à notre époque !

Frank **devint triste.**

—**Quiconque** touche la montre voyage avec lui. Eric est **obsédé** par la montre. Il essaie de trouver de l'aide dans le futur, mais il ne **réussit** jamais.

—Et qu'est-ce que vous voulez faire ? —dit Suzanne.

—Vous devez **voler** la montre à notre capitaine.

—Quand ?

—Demain. Demain, **il y aura** une grande bataille. Eric va envoyer beaucoup de bateaux à la guerre. Vous devez emmener la montre et ne jamais revenir ici.

Frank partit dans la tente où était Eric et ils s'assirent à côté d'**un feu de camp**.

—Je suis seulement horloger —dit Charles—, comment est-ce que je vais voler quelque chose à quelqu'un de si fort ?

—On doit trouver une **façon** de le faire.

—J'ai une idée !

Annexe du chapitre 2

Résumé

Charles et Suzanne parlent avec Eric le Kraken. C'est un pirate du XVIIe siècle. Il a une montre grâce à laquelle il voyage à l'époque actuelle. Ils voyagent ensemble dans le passé, au XVIIe siècle. Eric le Kraken est obsédé par la montre. Frank, un homme qu'ils rencontrent dans les Caraïbes, leur dit qu'ils doivent voler la montre à Eric.

Vocabulaire

- **le conte** = tale
- **la poche** = pocket
- **gardant** = keeping
- **de temps en temps** = from time to time
- **le bâtiment** = building
- **les machines volantes** = flying machines
- **fou** = crazy
- **il y a des centaines d'années** = hundreds of years ago
- **il suffit de** = you just have to
- **soudain** = all of a sudden
- **peau mate** = brown/dark skin
- **sous le choc** = in shock
- **il se rendit compte** = he realized
- **les deux** = the two (pair, couple)
- **ils étaient habitués** = they were used to
- **cette fois-ci** = this time

- **gagner** = to win
- **la tente** = tent
- **la rive** = shore
- **plein** = filled with
- **à tout prix** = at all cost
- **échapper** = escape
- **le bruit** = noise
- **devint triste** = was saddened
- **quiconque** = anyone
- **obsédé** = obsessed
- **voler** = steal
- **il y aura** = there will be
- **un feu de camp** = campfire
- **la façon** = way

Questions à choix multiple

Sélectionnez une seule réponse pour chaque question

6. L'homme robuste s'appelle :
    a. Charles
    b. Eric
    c. Frank
7. La montre donne le pouvoir de :
    a. Voyager entre deux époques
    b. Voyager uniquement au XVIIe siècle
    c. Voyager uniquement au XXIe siècle
8. Eric voyage à nouveau avec :
    a. Charles
    b. Suzanne
    c. Charles et Suzanne
    d. Tout seul
9. Eric veut :
    a. De l'aide contre les bateaux français
    b. Échapper aux bateaux français
    c. Rester vivre avec Charles et Suzanne
10. Frank demande à Charles et Suzanne qu'ils :
    a. Retournent à leur époque
    b. Volent la montre
    c. Les aident dans la bataille contre les bateaux français
    d. S'éloignent d'Eric

Solutions chapitre 2

6. b
7. b
8. c
9. a
10. b

Chapitre 3 – Le vol

Charles et Suzanne montèrent dans le bateau d'Eric le Kraken. C'était un très grand bateau. Il avait beaucoup de canons à gauche et à droite. C'était le bateau personnel et favori du pirate. Frank était son commandant en second et il voyageait toujours avec lui dans le bateau.

Le bateau avait beaucoup de pièces, de cabines et d'ustensiles.

Eric le Kraken monta au **gouvernail**.

Frank **montra** le bateau à Charles et à Suzanne.

−Que pensez-vous de notre **merveille** ?

Suzanne lisait beaucoup. Charles avait beaucoup de livres, mais il ne lisait pas autant que Suzanne.

−Ça alors ! Je vois un bateau pirate, en vrai. C'est incroyable ! −dit-elle

Frank rit. Il avait les dents un peu **sales**.

−Nous, nous le voyons tous les jours.

Ils montèrent **tout en haut**. Le bateau était déjà en route. Ils allaient vers la bataille contre les bateaux français. Le vent était un peu froid, et il n'y avait pas de **nuages**. On voyait seulement l'eau bleue des Caraïbes et la plage où était le camp des pirates.

Eric le Kraken était près de Charles, Suzanne et Frank.

Frank leur dit :

−Bien, comment allons-nous faire ?

Charles lui répondit :

—Un moment, un moment. Pourquoi Eric veut que Suzanne et moi soyons ici dans le bateau ? Je ne sais pas me battre ! Et elle non plus !

—Je vous l'ai déjà dit tout à l'heure. Il est fou. La montre est son obsession. Il pense que, **d'une certaine façon**, vous l'aiderez à gagner la bataille.

Eric les regardait d'en haut. Son regard ne disait rien. Il les regardait fixement.

—Sincèrement –dit Frank–, je ne sais pas ce qu'Eric pense.

—Pourquoi tu dis ça ? –répondit Suzanne.

—Regardez la mer.

Ils regardèrent la mer. Eau bleue, sans nuages. Ils **comptèrent** environ 10 bateaux pirates. **Le bateau le plus grand** était celui d'Eric.

—Vous voyez ? Nous avons 10 bateaux.

Suzanne comprit ce que Frank voulait dire.

—Vous avez 10 bateaux et les Français en ont plus, c'est ça ?

—Oui.

—Combien en plus ?

—Ils en ont 30.

Charles cria :

—Ils en ont 30. Et nous 10 ! Vous êtes fous !

—C'est pour cela que je veux **en finir avec cela**. Vous devez voler la montre à Eric. Il est obsédé. Nous ne pouvons pas gagner cette bataille.

—Qu'est-ce que tu veux qu'on fasse ?

Frank regarda Charles et lui dit :
—Tu es horloger, n'est-ce pas ?
—Oui.
—Tu dois dire à Eric que tu dois utiliser sa montre pour gagner la bataille. **Peut-être cela fonctionnera-t-il**.
—Et comment je fais ça ?
—Je ne sais pas ! Mais tu dois le faire !

Il ne restait plus beaucoup de temps. Les bateaux français apparaissaient à l'horizon.

Charles réfléchit, puis il alla voir Eric. Eric était en train de parler à ses pirates. Il leur disait comment se battre, quelle était la tactique et ce qu'ils allaient faire.

Eric vit que Charles le regardait.
—Veux-tu quelque chose, Charles ? As-tu une idée pour gagner la bataille ?
—Oui, oui... J'en ai une. Venez, je vais vous expliquer.

Le robuste pirate et Charles marchèrent loin des autres. Frank et Suzanne **faisaient comme si de rien était**.
—Eric, comme vous le savez, je suis horloger. J'ai besoin de votre montre.

Le visage du pirate changea complètement.
—Pourquoi veux-tu ma montre ?
—Si vous me laissez la réparer, nous pouvons gagner la bataille.
—Comment ?

Charles ne savait que dire. Il réfléchit et **inventa rapidement** une réponse.

—Je crois que je sais comment elle fonctionne –mentit-il.

–Et alors ?

—Si vous me laissez la regardez, je peux la changer. Je peux changer la montre pour qu'elle nous transporte à un autre endroit, loin d'ici. **Vous n'aurez ainsi pas besoin de** vous battre.

Les bateaux français arrivèrent et **commencèrent à tirer** des coups de canon. Les bateaux des pirates se défendaient. Ils tiraient aussi des coups de canon. Charles et Eric **chancelèrent**.

Eric cria à ses pirates :

—Allons-y ! Continuez à tirer ! Nous ne pouvons pas perdre !

Charles avait besoin de voir sa montre. Sans la montre, il ne pouvait pas retourner à Cayenne. Ni lui, ni Suzanne.

—Écoutez-moi ! dit Charles.

Les canons des bateaux français tirèrent encore plus fort.

—Laissez-moi la regardez ! Comme ça on peut gagner la bataille !

Le pirate le regarda, mais ne voulut pas la lui donner.

Tout à coup, le tir d'un canon traversa le **gouvernail** et Eric tomba sur le sol en **bois**. Charles **profita du moment** et vola la montre. Il sortit en courant.

Eric s'en rendit compte.
–Halte ! **Au voleur** !

Charles lança la montre à Suzanne et elle la prit en l'air. Charles courut vers elle et Frank les vit.
Les canons français tirèrent à nouveau et Eric **bondit** sur Suzanne. Frank essaya d'arrêter Suzanne. Finalement, les quatre touchèrent la montre en même temps. La montre s'activa et ils voyagèrent au XXIe siècle.
Les quatre étaient **inconscients**.

Quelques heures plus tard, Eric le Kraken, Charles, Suzanne et Frank se réveillaient sur la plage de Cayenne. Eric **se réveilla** le premier. Il prit la montre et essaya de retourner à son époque, mais il ne pouvait pas. Elle était **cassée**.
–Qu'avez-vous fait, Charles ? Qu'avez-vous fait ?
Les autres se réveillèrent.
Frank regarda la plage, la ville et les gens. C'était la première fois qu'il était à Cayenne. Alors qu'Eric le Kraken pleurait, il dit à Charles :
–C'est ça les Caraïbes du futur ?
–Et bien... –répondit Charles–, c'est relativement proche.

Eric s'approcha des trois et leur dit :
–Qu'est-ce que nous allons faire maintenant ?
Personne ne parla, puis Charles dit :
–Venez à mon atelier. Je vais essayer de réparer votre montre, mais à une condition.
–Quelle condition ?

–Je veux que vous me racontiez la meilleure histoire de pirates que vous connaissiez.

Annexe du chapitre 3

Résumé

Eric le Kraken lutte contre les bateaux français. Frank dit à Charles qu'il doit voler la montre d'Eric. Charles ne sait que dire, mais les Français attaquent avec leurs canons. La bataille commence et ils se battent. Les quatre touchent la montre et ils voyagent au XXIe siècle. Ils retournent à Cayenne. La montre est cassée. Charles peut réparer la montre d'Eric, mais à une condition : qu'il lui raconte une histoire de pirates.

Vocabulaire

- **le gouvernail** = rudder
- **montra** = showed
- **la merveille** = preciousness, beauty
- **sale** = dirty
- **tout en haut** = (right) at the top
- **le nuage** = cloud
- **d'une certaine façon** = in some way
- **comptèrent** = counted
- **le bateau le plus grand** = the biggest ship, boat
- **en finir avec cela** = put an end to this
- **Peut-être cela fonctionnera-t-il** = maybe it will work
- **faisaient comme si de rien n'était** = act as if nothing was wrong
- **inventa** = invented

- **rapidement** = quickly
- **Et alors ?** = So what?
- **Vous n'aurez ainsi pas besoin de** = you will therefore not need to
- **commencèrent à tirer** = opened fire
- **chancelèrent** = staggered
- **tout à coup** = all of a sudden
- **le bois** = wood
- **profita du moment** = took advantage of the moment
- **Au voleur !** = Thief!
- **bondit sur** = leap on, jump on
- **inconscient** = unconscious
- **réveiller** = wake up
- **cassé** = broken
- **Je veux que vous me racontiez** = I want you to tell me

Questions à choix multiple

Sélectionnez une seule réponse pour chaque question

11. Le pirate nommé Frank est :
    a. Le cousin d'Eric
    b. Le fils d'Eric
    c. Le commandant en second
    d. Personne en particulier
12. Frank dit à Charles qu'il :
    a. Doit se battre
    b. Doit voler la montre
    c. Doit s'en aller avec Suzanne
    d. Veut aller à Cayenne
13. Quand Charles parle avec Eric :
    a. Eric lui donne la montre
    b. Eric ne lui donne pas la montre
14. Qui voyage à Cayenne ?
    a. Charles et Suzanne
    b. Eric et Charles
    c. Eric et Frank
    d. Tous
15. Charles va réparer la montre d'Eric à une condition :
    a. Il veut retourner dans les Caraïbes
    b. Il veut qu'Eric lui raconte une histoire de pirates
    c. Il veut un bateau pour lui
    d. Il veut que Suzanne l'aide

Solutions chapitre 3

11. c
12. b
13. b
14. d
15. b

This title is also available as an audiobook.

For more information, please visit the Amazon store.

5. Le Coffre

<u>Chapitre 1 – Des chiffres</u>

Il était une fois, un homme qui vivait en France. Cet homme était très **vieux**. Il avait vécu plusieurs **décennies** et était très **savant**. Le vieil homme s'appelait Arthur.

Arthur voyageait **seul** en France. Il ne vivait jamais très longtemps au même endroit. Il avait économisé de l'argent et il le dépensait en voyages dans différentes régions de France. Il mangeait et dormait où il pouvait. Il avait une mission. Quelle était cette mission ?

Un jour, Arthur était à Paris. Il ne **se rasait** plus depuis longtemps. Sur le boulevard des Batignolles, il y avait beaucoup de monde, et les gens le regardaient passer. Ses **vêtements** étaient bizarres et **particuliers**.

Arthur arriva au parc des Buttes Chaumont, un grand parc de Paris, plein d'arbres, d'eau et de petits bateaux, pour **passer l'après-midi**. Il y avait toujours du monde : des couples, des familles, des jeunes, etc.

Le vieil homme s'approcha d'un homme qui lisait le journal. Cet homme était **appuyé** à un arbre et semblait très calme. Arthur s'assit **à côté de lui** :
–Bonjour, monsieur –lui dit Arthur.

– Bonjour... –lui répondit avec **méfiance** l'homme qui lisait.

–Comment allez-vous, David ?

David fut surpris. Comment connaissait-il son nom ?
–Vous avez dit David ?
–Oui, c'est ce que j'ai dit.
–Comment est-ce que vous connaissez mon nom ?
–Je ne peux pas vous le dire.

David s'arrêta de lire le journal et regarda Arthur. Il le regarda attentivement, mais il ne pouvait pas savoir qui il était, il ne le reconnaissait pas. Même sans sa longue barbe **il ne serait pas arrivé à savoir** qui il était.
–Qu'est-ce que vous voulez ? –dit David.
–Je ne viens pas vous **déranger** ni vous raconter des histoires de vieux, mais je vais vous raconter quelque chose.
–Allez-y.
Arthur sortit de son sac une photo. Sur cette photo, il y avait un coffre plein de **saleté**. C'était un coffre très vieux et il semblait qu'il **renfermait** quelque chose **de valeur**.
–Qu'est-ce que c'est ? –demanda David.
–Vous ne savez pas ce que c'est ?
–On dirait un coffre, mais je ne l'ai jamais vu.
–Regardez ces **chiffres**.

Il y avait des chiffres gravés sur le coffre, mais **il en manquait trois**.
–Il manque trois chiffres –dit David.
–Exact, j'ai besoin de ces trois chiffres pour ma mission.

—Quelle mission ?
—Je ne peux pas non plus vous le dire.

David ne comprenait pas ce qu'il voulait. Comment pouvait-il lui donner des chiffres qu'il ne connaissait pas ?
—Vous avez sûrement gardé un de ces chiffres.
—Je ne sais pas de quoi vous parlez.
—Réfléchissez. Vous devez avoir un objet ancien avec un chiffre.
—Maintenant que vous le dites... Venez avec moi.

David et Arthur sortirent du parc des Buttes Chaumont. Ils prirent une **large rue** et montèrent dans un autobus jusqu'au boulevard des Batignolles.

Alors qu'ils marchaient parmi la foule, David dit à Arthur :
—Depuis combien de temps est-ce que vous êtes à Paris ?
—Je suis ici depuis deux mois.
—Vous aimez la ville ?
—Oui ! Il y a beaucoup de monde et beaucoup de choses à voir.
—Comment est-ce que vous vous appelez ?
—Je m'appelle Arthur.

David et Arthur arrivèrent à **l'entrepôt** d'un bâtiment. Le bâtiment était derrière le boulevard des Batignolles. Dans cet entrepôt, David gardait beaucoup de choses de son passé. Des **jouets** de quand il était petit, des notes de l'université, des anciennes photos, etc.

—Qu'est-ce qu'on vient chercher ici ? —dit Arthur.
—Je me souviens que j'ai quelque chose comme ce que vous dites.
—Un chiffre ?
—Oui, un chiffre. Je vais le chercher.
—On peut se tutoyer ?
—Bien sûr !

Pendant une demi-heure, David chercha. Arthur essaya de l'aider, mais il lui dit :
—Assieds-toi, ne t'inquiète pas. Je continue à chercher.

Il mit une heure pour trouver ce qu'il cherchait, mais enfin, il le trouva.
—Regarde, Arthur. Je l'ai trouvé.
—Qu'est-ce que tu as trouvé ?

Arthur se leva d'où il était assis et lui dit :
—Comment est-ce que tu sais ce que je recherche ?
—Je ne sais pas, mais j'ai ça depuis longtemps.

David **défit** un **foulard** plein de **poussière**. À l'intérieur, il y avait un **collier**
 en or avec un dessin. Le dessin était bizarre, et à l'intérieur il y avait un chiffre.
David dit à Arthur :
—Je ne sais pas pourquoi, mais quand tu m'as parlé du chiffre, je me suis souvenu de ça.
—Qui t'as donné ce collier ?

–Je ne suis pas sûr. Je crois que je l'ai **depuis mon enfance**.

Arthur ouvra la porte de l'entrepôt et David lui dit :
–Tu vas où ?
–Nous avons terminé ici. **Souviens-toi de** ce chiffre.
–Attends !

Arthur disparut par la porte et David sortit derrière lui. Quand il ouvrit la porte **à nouveau**, il n'était plus là. Arthur retourna au boulevard des Batignolles et prit un métro. Il partait à l'aéroport. La prochaine destination était l'île de la Corse.

Arthur paya le billet d'avion et monta dans l'avion. Peu après, il arriva à Ajaccio en Corse. Là-bas, il y avait beaucoup de touristes et de travailleurs. C'était une ville pleine de monde, mais lui, il savait où aller. Il appela un taxi et lui donna l'adresse. Peu après, il arriva dans une grande maison.

La grande maison semblait très chère, elle devait appartenir à quelqu'un qui avait beaucoup d'argent. La maison avait un très grand jardin, et plusieurs travailleurs et **jardiniers** s'occupaient des plantes et des arbres. Plusieurs chiens couraient ici et là. Arthur resta regarder à l'extérieur de la maison, et enfin, il sonna à la porte.

Annexe du chapitre 1

Résumé

Arthur est un vieil homme ; il a une mission. Il a une photo d'un coffre sale. Il a besoin de connaître trois chiffres et cherche des personnes qui connaissent ces chiffres. La première personne est David, un homme qui lit le journal, à Paris. David lit le chiffre sur un ancien collier qu'il avait depuis son enfance. Après cela, Arthur voyage en Corse.

Vocabulaire

- **le coffre** = chest
- **vieux** = old
- **la décennie** = decade
- **savant** = wise
- **seul** = alone
- **se raser** = shave oneself
- **les vêtements (m. pl.)** = clothes
- **particulier** = odd, peculiar
- **passer l'après-midi** = spend the afternoon
- **appuyé** = resting/leaning (on)
- **à côté de lui** = by his side
- **méfiance** = distrust
- **il ne serait pas arrivé à savoir** = he would not come to know
- **vous déranger** = bother, disturb you
- **la saleté** = dirt
- **renfermait** = contained

- **de valeur** = valuable
- **le chiffre** = number
- **il en manquait trois** = there were three missing
- **maintenant que vous le dites** = now that you say it
- **venez avec moi** = come with me
- **la large rue** = wide street
- **l'entrepôt (m.)** = storage
- **les jouets** = toys
- **défit** = unwrapped
- **le foulard** = scarf
- **la poussière** = dust
- **le collier** = necklace
- **depuis mon enfance** = since (my) childhood
- **Souviens-toi de** = do you remember
- **à nouveau** = again
- **le jardinier** = gardener

Questions à choix multiple
Sélectionnez une seule réponse pour chaque question

1. Arthur est :
    a. Un homme très jeune
    b. Un homme d'âge moyen
    c. Un homme âgé
    d. Nous ne savons pas
2. La photo d'Arthur montre :
    a. Un coffre
    b. Un entrepôt
    c. Un collier
    d. Une ville
3. Arthur parle à David pour la première fois :
    a. Au Boulevard des Batignolles
    b. Dans le parc des Buttes Chaumont
    c. À l'aéroport
    d. Dans un entrepôt
4. David amène Arthur à :
    a. L'aéroport
    b. Dans un taxi
    c. En Corse
    d. Dans un entrepôt
5. Arthur, après avoir parlé avec David, voyage :
    a. À Paris
    b. À l'île de Ré
    c. En Corse
    d. En Provence

Solutions chapitre 1

1. c
2. a
3. b
4. d
5. c

Chapitre 2 – La Corse

La **sonnette** sonna. Arthur attendit qu'on lui réponde.
—Bonjour ?
Personne ne répondit.
L'**homme âgé** resta à attendre sur un banc à côté. Apparemment personne ne voulait ouvrir la porte. Il sortit sa photo de la poche et la regarda. Il sourit. C'était le coffre. Il remit la photo dans sa veste.

Arthur **entendit** quelque chose qui **se rapprochait**. C'était une voiture. Une voiture chère et **décapotable**. Il y avait une femme à l'intérieur. Elle portait des lunettes de soleil et n'avait pas vu Arthur.
La femme ouvrit la porte de sa maison à l'aide d'une **télécommande** pour entrer, mais elle **n'avait toujours pas vu** Arthur.

—Attendez !–dit-il.
La femme vit Arthur et arrêta sa voiture. La porte restait ouverte.
—Qui êtes-vous ? –dit-elle
—Est-ce que vous pouvez descendre un instant de la voiture ?

La femme le regarda et descendit de la voiture. Le **majordome** de la grande maison s'approcha et dit à la femme :
—Mademoiselle Denis, est-ce que vous souhaitez que j'emmène votre voiture au parking ?

—Oui, Jules, merci.

Jules était le majordome. Arthur comprit cela.
—Mademoiselle Lucie Denis, n'est-ce pas ? –dit-il.
—Oui, c'est moi.
—Je viens pour un sujet très important.
—Quel sujet important ? **Quoi qu'il en soit**, venez avec moi. Venez dans ma maison.

Arthur suivit la femme à l'intérieur de la maison. Le jardin était très grand, immense. La femme avait une maison réellement splendide.
—Tout cela est à vous ? –dit Arthur.
—Oui. Quand j'avais 25 ans, j'ai créé une entreprise et **ça a bien marché**.
—Je comprends, beaucoup de travail.
—Vraiment beaucoup. Venez par ici.

Arthur et Lucie montèrent les escaliers de la maison et arrivèrent à la porte principale. La porte principale était en bois, très **jolie**. Ses **motifs** étaient anciens.
—Votre maison est-elle ancienne ?
Lucie sourit.
—Non, elle ne l'est pas, mais elle a été construite selon un **plan** ancien.

Le majordome, Jules, les suivait dans la maison. Il portait un plateau avec du thé et des **gâteaux secs**.
—Monsieur... –dit Jules.
—Arthur, merci.

—Monsieur Arthur, est-ce que vous souhaitez boire quelque chose ?
—Oui, du thé, merci.

Lucie enleva sa veste. Il faisait très chaud en Corse.
Jules parla à nouveau à Arthur :
—Permettez-moi...votre veste, monsieur.
Arthur enleva sa veste et la donna au majordome. Il s'en alla de la salle et **revint** pour donner le thé à Arthur. Puis, il laissa Lucie et Arthur seuls.

Lucie s'assit sur le canapé et Arthur aussi. Ils se regardèrent.
—Bienvenue chez moi, Arthur. Qu'est-ce que vous voulez ?
Arthur but un peu de thé, puis laissa la tasse sur la petite table.
—J'ai besoin d'un chiffre.

Tout comme David, Lucie s'étonna.
—Un chiffre ?
—Oui, un chiffre.
—Un chiffre concret ?
—Essayez de vous rappeler.

Lucie essaya de se rappeler. Elle essaya de comprendre ce que lui disait Arthur, mais **contrairement à** David, elle ne se souvenait de rien.
—**Je ne sais pas à quoi vous faites allusion**. S'il vous plaît, si vous pouviez vous expliquer un peu mieux...

Arthur regarda **autour de lui**. La salle était énorme. Il trouvera sûrement le deuxième chiffre quelque part. Bien sûr, la photo !

—Est-ce que vous pourriez appeler votre majordome pour qu'il m'apporte ma veste, s'il vous plaît ? —dit Arthur.

— Bien sûr.

Quelques secondes après, Jules apparut avec la veste d'Arthur. Quand il la prit, le majordome s'en alla à nouveau.

Arthur chercha dans sa veste. Elle avait beaucoup de poches et c'était difficile de trouver la photo du coffre. Lucie **s'impatientait**.

—Ça y est ! La voilà !

Arthur sortit la photo du coffre et la posa sur la table. Lucie prit la photo avec ses mains et la regarda. Elle **se souvint** alors de quelque chose.

—Je ne sais pas pourquoi... mais je crois que je me souviens de quelque chose.

—Réfléchissez, Lucie, réfléchissez.

Lucie se leva du canapé et Arthur sourit. Il **était sur la bonne voie**.

—Venez avec moi, Arthur. Je ne sais pas qui vous êtes ni ce que vous voulez, mais je me suis souvenue de quelque chose grâce à vous.

Tous deux sortirent de la maison et entrèrent dans un petit bâtiment à côté de la maison. À l'intérieur, il y avait beaucoup de statues, d'œuvres d'art et d'autres choses. C'était comme un petit musée privé.

Lucie ouvrit une **petite boîte** et il était là. Un collier, pareil à celui de David. Très vieux et très sale, mais on pouvait encore lire le chiffre qui était à l'intérieur.

Arthur regarda le chiffre du collier.
—C'est tout ce que j'ai besoin de savoir.
—Je ne comprends toujours pas, monsieur Arthur. Qu'est-ce que vous voulez ? Le coffre m'a fait me souvenir de ça, mais je ne sais pas pourquoi.
—Je dois m'en aller maintenant, mademoiselle Lucie, mais s'il vous plaît, ne me posez pas d'autres questions.

Arthur sortit de la maison de Lucie, accompagné de son majordome Jules.
—À bientôt, mademoiselle Lucie !

Elle ne lui dit pas au revoir. Elle ne savait pas pourquoi Arthur était venu. Elle **se méfiait** et préféra tout oublier.

Arthur **loua** une chambre d'hôtel avec vue sur la mer. Il y dormit ce jour-là, et **profita** du soleil et du vent de la Méditerranée. Il y avait une troisième personne qu'il devait voir. Cette personne vivait à Saint-Malo, au nord-ouest de la France.

Annexe du chapitre 2

Résumé

Arthur voyage en Corse pour voir une femme. La femme s'appelle Lucie et est très riche Elle a une très grande maison et invite Arthur à entrer. Tout comme David, elle se souvient du chiffre d'un vieux collier. Après avoir appris le deuxième chiffre, Arthur lui dit au revoir. Il doit rendre visite à une troisième personne à Saint-Malo.

Vocabulaire

- **la sonnette** = doorbell
- **l'homme âgé** = old man
- **entendit** = heard
- **se rapprochait** = approaching
- **décapotable** = convertible
- **les lunettes de soleil (f. pl.)** = sunglasses
- **la télécommande** = remote control
- **n'avait toujours pas vu** = (she) still hadn't seen
- **le majordome** = butler
- **quoi qu'il en soit** = in any case
- **l'entreprise (f.)** = company
- **ça a bien marché** = that worked well
- **joli** = nice, lovely, pretty
- **le plan** = design
- **les gâteaux secs** = pastries
- **contrairement à** = in contrast to…
- **revint** = returned; came back

- **je ne sais pas à quoi vous faites allusion** = I don't know what you mean
- **autour de lui** = around him
- **elle s'impatientait** = (she) was becoming impatient
- **se souvint** = remembered
- **était sur la bonne voie** = was on the right track
- **la petite boîte** = small box
- **se méfiait** = was wary
- **loua** = rented
- **profita** = enjoyed ; took advantage (of the occasion in a positive way)

Questions à choix multiple
Sélectionnez une seule réponse pour chaque question

6. La maison de Lucie est :
    a. Grande
    b. Petite
    c. De taille moyenne
    d. Nous ne savons pas
7. Le majordome s'appelle :
    a. David
    b. Arthur
    c. Charles
    d. Aucune des réponses précédentes
8. Lucie se souvient de quelque chose concernant le chiffre quand :
    a. Arthur lui raconte quelque chose sur le chiffre
    b. Arthur lui montre la photo du coffre
    c. Arthur lui parle d'un coffre
    d. Arthur lui parle d'un collier
9. Après avoir dit au revoir à Lucie, Arthur :
    a. Voyage à Saint-Malo
    b. Voyage à Paris
    c. Loue une chambre d'hôtel en Corse
    d. Aucune des réponses précédentes
10. La troisième personne au troisième chiffre est :
    a. À Paris
    b. En Corse
    c. À Saint-Malo
    d. Aucune des réponses précédentes

Solutions chapitre 2

    6. a
    7. d
    8. b
    9. c
  10. c

Chapitre 3 – La réponse

Arthur voyagea à Saint-Malo. Il prit un nouveau **vol** depuis la Corse. Le vol faisait **escale** à Marseille et après il allait à Saint-Malo. À l'aéroport, il acheta de quoi manger pour la route et il arriva à Saint-Malo.

Comme toujours, il appela un taxi. Le chauffeur de taxi était très aimable et l'amena à Saint-Malo. Là, ils passèrent près du beau musée d'art contemporain. Arthur demanda au chauffeur de taxi :
 –**Vous êtes déjà allé** au musée d'art contemporain ?
 –Oui, il y a un mois, j'y suis allé avec ma famille.
 –Et ça vous a plu ?
 – Oui, c'est très beau à l'intérieur, mais l'art qu'il y a à l'intérieur est très bizarre pour moi.
 –Bizarre ?
 –Oui, c'est de l'art très moderne. Moi, j'aime l'art traditionnel.

Il parla un peu plus avec le chauffeur de taxi et ils arrivèrent dans le centre de Saint-Malo. Là, Arthur le paya. Il demanda au chauffeur de taxi :
 –Combien je vous dois ?
 –Ça fait 12,50 €, s'il vous plaît.
 –**Tenez**.

Arthur lui donna l'argent, il ferma la portière du taxi et il descendit dans le centre de Saint-Malo. C'était une jolie ville. Elle **s'était embellie au fil des ans**. Il y a longtemps, la ville était moins verte qu'à l'heure actuelle. Maintenant, elle était beaucoup plus verte.

Il ne se rappelait pas par où aller pour voir la troisième personne. Il demanda à une personne dans la rue :
—Excusez-moi, comment est-ce que je peux aller ici ?
Arthur lui montra une carte. Un port et une maison près du port apparaissaient sur la carte.
L'aimable **passant** lui donna la direction.
—Merci ! Vous êtes très aimable !
—**Il n'y a pas de quoi**.

Arthur marcha pendant une demi-heure. Il ne reprit pas de taxi. Il voulait marcher. Il était fatigué de prendre les transports motorisés. Il voulait marcher, c'était **bon pour la santé** et il aimait ça.

Finalement, il arriva à une petite maison en bois. À côté de la maison en bois, il y avait un petit port, avec plusieurs bateaux. Les bateaux n'appartenaient pas au propriétaire de la maison, mais il **gérait les locations**.

Arthur **se déchaussa** et marcha dans le **sable** jusqu'à arriver à la petite maison.
—J'espère que cette fois-ci, il y aura quelqu'un –dit-il, se souvenant de Lucie en Corse.

Il sonna une fois à la porte. La deuxième fois, quelqu'un ouvrit. C'était un homme un peu âgé, comme lui, mais sans barbe. Il avait beaucoup de **rides** sur le visage.

—Bonjour ! –dit l'**hôte**–, **je peux vous aider** ?
—Oui, je m'appelle Arthur. Je souhaite vous parler.
—Pas de vouvoiement ! On **peut se tutoyer**.
—Très bien... Je souhaite te parler.
—Entre, Arthur.

Arthur était surpris. L'hôte de cette maison était une personne très aimable. Il portait des vêtements simples, de **pêcheur**. La maison **sentait le poisson,** et il y avait beaucoup d'instruments de pêche. Il y avait aussi des livres où il **tenait sûrement les comptes** des locations.

—Alors ? –lui dit-il.
Arthur remarqua qu'il portait une **bague**. Sur cette bague apparaissait un chiffre. Il se mit à rire.
—Que se passe-t-il, Arthur ?
—Je pensais que ça allait être plus difficile.
—Quoi ?
—Ta bague... Qui te l'a donnée ?
—C'est un cadeau d'il y a très longtemps, je ne m'en souviens plus. Je crois que c'était un **collier** avant.

Arthur vit le chiffre que la bague portait. Il avait **désormais** le troisième chiffre. Il avait les trois chiffres et pouvait s'en aller, mais pas tout de suite. Il voulait parler un peu plus avec le pêcheur.

—Comment tu t'appelles ? –lui dit Arthur.
—Je m'appelle Yann.
—Yann... C'est un nom breton, n'est-ce pas ? Tu viens de la Bretagne ?

–Oui.

Arthur voulait être sincère et **parler sans détour**.

–Yann, je vais t'expliquer ce qui se passe. J'ai un coffre. Voici la photo.
Il sortit la photo du coffre et lui montra.
–Le coffre a un code à trois chiffres, et trois personnes différentes ont ces trois chiffres.

Yann demanda :
–Et que contient-il ?
–Je ne peux pas te le dire pour l'instant.
–Pourquoi, j'ai un des chiffres, non ?

Arthur ne voulut rien expliquer de plus. Sa mission était différente.
–Yann, prends cette lettre et lis-la. Les deux autres personnes ont aussi cette lettre. Elle est identique. Je dois m'en aller. **Fais-moi confiance**. À bientôt.

Arthur s'en alla de la petite maison. La lettre disait :

« *Bonjour.*

Cette lettre est adressée aux trois personnes qui ont les trois chiffres. Ces trois chiffres ouvrent un coffre qui se trouve à Marseille. Je veux que dans trois jours ***vous vous réunissiez*** *à cet* ***endroit*** *et que vous ouvriez le coffre avec les trois chiffres que vous avez.*

Je n'ai rien d'autre à dire. **Dans peu de temps vous saurez** *qui je suis, mais aujourd'hui n'est pas le jour. Bonne chance.*

Salutations,
Arthur »

Quelques jours plus tard, David, Lucie et Yann se réunirent à Marseille, à l'endroit qu'indiquait la lettre.
–Bonjour. –dit David.
– Bonjour. –dirent Lucie et Yann.

Les trois se turent quelques secondes jusqu'à ce que finalement David dit :
–Qu'est-ce qu'on fait ici ?
–Vous avez tous lu la lettre ? –dit Lucie.
–Oui –dirent-ils.

–Ouvrons le coffre –dirent-ils en même temps.

Ils introduisirent les chiffres de leurs colliers et le coffre s'ouvrit. Il y avait un papier à l'intérieur.
Yann rit :
–Ah, ah ! Tout cela pour un papier ! J'espère que c'est un chèque !
–Quelqu'un veut le lire ? –dit Lucie.
–Je vais le lire –dit David.

David prit le papier du coffre et lut à haute voix :

« *Je m'appelle Anne. Je suis vraiment désolée. Je sais que je ne suis pas avec vous en ce moment. Je n'ai pas non plus été avec vous il y a longtemps. J'ai dû partir de chez moi à cause de problèmes et du travail. J'ai envoyé mon frère Arthur pour qu'il vous réunisse ici* ».

Les mains de David tremblaient.
–Continue –dit Lucie.

« *David, Lucie, Yann. Vous trois... Vous êtes frères et sœur. Je suis votre mère. La mère qui ne put s'occuper de vous quand vous étiez petits.* **Je vous ai offert les colliers.** *Et je pense... je crois... que je suis prête maintenant. Je souhaite que vous me pardonniez* ».

David, Lucie et Yann se regardèrent. Ils virent une silhouette. Ils se retournèrent et elle était là : c'était Anne.

–Bonjour, mes enfants.

Annexe du chapitre 3

Résumé

Arthur voyage à Saint-Malo. Il prend un avion avec escale à Marseille. À Saint-Malo, il parle avec un chauffeur de taxi. Il parle du changement de Saint-Malo avec lui. Il arrive chez la troisième personne qui s'appelle Yann. Il obtient le troisième chiffre. Il donne une lettre à David, Lucie et à Yann. Le coffre contenait une lettre de leur mère. Ils sont frères et sœur.

Vocabulaire

- **le vol** = flight
- **l'escale** = layover, stop
- **vous êtes déjà allé… ?** = have you ever been…?
- **tenez** = take
- **s'était embellie** = became beautiful
- **au fil des ans** = over the years
- **le passant** = passerby
- **il n'y a pas de quoi** = you're welcome
- **bon pour la santé** = good for your health
- **gérait les locations** = managed the rentals
- **se déchaussa** = took off his shoes
- **le sable** = sand
- **les rides (f.)** = wrinkles
- **l'hôte (m.)** = host
- **je peux vous aider ?** = can I help you?

- **on peut se tutoyer** = we can use « tu » with each other
- **le pêcheur** = fisherman
- **sentait le poisson** = smelt of fish
- **sûrement** = certainly
- **il tenait les comptes** = maintained the accounts
- **la bague** = ring
- **le collier** = necklace
- **désormais** = now
- **parler sans détour** = not pulling your punches
- **fais-moi confiance** = trust in me
- **vous vous réunissiez** = you met up
- **l'endroit** = place; location
- **dans peu de temps** = shortly
- **vous saurez** = you'll know
- **Je vous ai offert les colliers** = I have left you the necklaces

Questions à choix multiple
Sélectionnez une seule réponse pour chaque question

11. Arthur voyagea en dernier à :
    a. Paris
    b. Saint-Malo
    c. Lyon
    d. Aucune des réponses précédentes
12. Arthur parla avec le chauffeur de taxi de :
    a. La famille du chauffeur de taxi
    b. La famille d'Arthur
    c. Le musée d'art contemporain
    d. La nourriture
13. Yann, la troisième personne, vit :
    a. Dans la montagne
    b. En ville
    c. Dans un village
    d. Dans un port
14. Le coffre contient :
    a. Une lettre
    b. Un chèque
    c. Une carte
    d. Aucune des réponses précédentes
15. David, Lucie et Yann sont :
    a. Cousins
    b. Frères et soeur
    c. Amis
    d. Aucune des réponses précédentes

Solutions chapitre 3

11. b
12. c
13. d
14. a
15. b

6. Ferrg, Le Dragon

Chapitre 1 – La taverne

Il était une fois un dragon dans une **tour**. Une tour très haute et très grande, pleine de **pièces**, avec beaucoup de **fenêtres**. On la considérait comme une tour, mais elle ressemblait quasiment à un village.

Pourquoi cette tour était-elle spéciale ? Personne n'y allait. **Personne n'osait.** Pourquoi ? Quelque chose de méchant vivait dans cette tour. Du moins, les gens pensaient que c'était quelque chose de **méchant**.

Dans la tour, vivait une grande créature. Une créature **volante** avec de grandes **écailles** et une bouche qui **crachait du feu**. Avec ce feu, elle pouvait **brûler** des villes entières. C'était un dragon, et il s'appelait Ferrg.

Les villageois de la ville de Mar racontaient beaucoup d'histoires dans les tavernes. Il y avait beaucoup de villageois **assoiffés** qui allaient boire et se reposer dans ces tavernes. Beaucoup passaient plus de temps là-bas que chez eux. Ils aimaient les histoires de dragons et de temps anciens.

Josh, un client régulier, dit au serveur :
—Oui, oui ! Je l'ai vu ! C'était un dragon énorme ! Très grand ! Avec de grandes écailles ! L'air se **réchauffait** quand il volait ! Je l'ai vu un jour où je **partais en voyage**.

Le serveur rit alors qu'il travaillait.
—Ah ! C'est faux ! Tu n'as jamais vu Ferrg !
—Si, je l'ai vu ! Moi, je l'ai vu avant que les gens l'appellent Ferrg.
—Tu es un **menteur**.
—Allez, donne-moi une autre bière.

Le serveur sortit un verre et le remplit de bière. Josh prit le verre de bière et **but un coup**. Il but quasiment toute la bière d'un seul coup.
Josh lui dit :
—Et toi ? Tu as vu Ferrg ?
—Non ! Non ! Et je ne dis pas que je l'ai vu, moi !
—Bah !

Le serveur fit un geste et s'en alla servir les autres villageois assoiffés. Josh resta seul au **comptoir** de la taverne. Il s'endormait en buvant sa bière. Sans prévenir, quelque chose **retentit** et toute la taverne trembla.

Les villageois s'inquiétèrent.
—Qu'est-ce que c'est ?
—Toute la taverne a tremblé !
—Attention !

On entendit un énorme **rugissement** et la taverne trembla à nouveau. Le dragon Ferrg volait au-dessus d'eux. Les **vitres** des fenêtres se cassèrent et quelques verres de bière aussi.
Le serveur dit à tout le monde :
—Allez ! **Sortez d'ici** !

Personne ne bougea.
—Vous êtes **sourds** ? Sortez d'ici ! —répéta-t-il.

—Allons, allons —dit Josh alors qu'il terminait sa bière—, personne ne va bouger d'ici.

Les **ailes** du dragon s'entendaient à l'extérieur de la taverne et les gens avaient peur.
La taverne était silencieuse.

—Quelqu'un va m'écouter maintenant ?
Les villageois regardèrent Josh.
Il laissa le verre de bière sur le comptoir et se leva. Il se mit au milieu de la taverne et commença à **raconter** ses aventures.

—**Personne ne me croit** ! Mais moi j'ai connu le dragon !

Normalement, les gens **se moquaient de** lui, mais là ils avaient peur. On entendait beaucoup de bruit à l'extérieur de la taverne. Le dragon volait encore et encore au-dessus, mais il ne semblait pas faire autre chose.

Un villageois dit :
—Ah, oui ? **Pourquoi ne sors-tu pas** lui dire qu'**il s'en aille** ?

Josh regarda le villageois qui avait dit cela et lui répondit :

– Tu t'en irais du village, toi, si je te le demandais ?

La peur des gens se calma un peu parce qu'ils se mirent à rire. Josh **profita du moment** pour s'expliquer.
–J'ai été garde de l'empire ! Une fois, ils nous envoyèrent à une tour, près d'ici. C'était une tour très haute. Elle ressemblait à un village en ruines. À l'intérieur, nous avons trouvé le dragon. Personne n'est mort. Et j'ai réussi à parler avec le dragon.
–**Mensonge** ! –dit le serveur.
–C'est vrai ! –dit Josh.
–**Mensonge** !

Josh ignora le serveur.
–Je vais sortir ! –dit-il en indiquant la porte de la taverne–. Quelqu'un veut venir avec moi ?

Personne ne dit rien pendant quelques secondes. Le serveur parla :
–**Ça suffit, ces bêtises** ! J'irai avec toi. **Je ne supporte pas** que tu mentes comme cela.
–D'accord. Viens avec moi. Quelqu'un d'autre ?

Personne ne parla. Personne ne bougea. La taverne était silencieuse et le dragon continuait de voler au-dessus d'eux. La taverne tremblait chaque fois que ses ailes bougeaient.

Le serveur regarda les villageois :
–Que personne ne prenne de bière sans payer !

Josh lui dit :
—Tu es **radin** !
—Allons dehors.

Le serveur et Josh sortirent. Les gens du village couraient d'un **côté** à l'autre. Les enfants criaient et pleuraient. Les hommes prenaient leurs **boucliers** pour défendre leurs familles.
Josh essaya de calmer les gens :
—N'ayez pas peur ! Ferrg est inoffensif !

Mais personne ne le crut. Les gens avaient très peur du dragon. Les histoires qu'on racontait sur lui étaient terrifiantes. On disait que la tour où il vivait avant était un village. Un village comme où ils vivaient maintenant. On disait que si on **fâchait** le dragon, il transformerait le village en sa nouvelle maison.

Josh vit comment le dragon volait encore au-dessus d'eux.
—Un **arc** ! Quelqu'un peut me donner un arc ?

Une villageoise s'approcha et lui donna un arc.
—Tu vas le tuer ? —dit-elle à Josh.
—Non. Même 100 arcs ne le pourraient pas. Ses écailles sont très dures.
—Alors pourquoi tu veux l'arc ?
—Pour ça.

Josh prit l'arc et tira une **flèche** en l'air alors que le dragon volait. Le dragon ne s'arrêta pas.

—Je vais tirer à nouveau —dit-il.
Il prit l'arc à nouveau et tira près du dragon. Il vit la flèche passer et **atterrir** sur la place du village.

—JOOOOOSSSSHHHHHH... ? —dit le dragon.

Le serveur eut peur.
—Cette voix est de... ? Est de... ?
—Oui, c'est la voix de Ferrg. Il est en train de m'appeler.

Annexe du chapitre 1

Résumé

Ferrg est un dragon qui vit dans une tour très haute et très grande. Les villageois ont peur du dragon. Ils racontent des choses terrifiantes sur lui. Le serveur de la taverne du village parle avec Josh et il lui dit qu'il a parlé avec le dragon. Le serveur ne le croit pas jusqu'à ce que Ferrg apparaisse dans le village et appelle Josh.

Vocabulaire

- **il était une fois** = once upon a time
- **la tour** = tower
- **pièces** = coins
- **la fenêtre** = window
- **personne n'osait** = no one dared
- **méchant** = evil
- **volante** = flying
- **l'écaille (f.)** = scale
- **crachait du feu** = spit fire
- **brûler** = to burn
- **assoiffés** = thirsty
- **réchauffait** = heated, warmed
- **partait en voyage** = went on a trip, was travelling
- **le menteur** = liar
- **boire un coup** [familier] = have a drink
- **le comptoir** = bar (of the tavern)
- **retentit** = boomed

- **le rugissement** = roar
- **vitres** = glass panes
- **Sortez d'ici !** = Get out of here!
- **le sourd** = deaf (person)
- **l'aile (f.)** = wing
- **raconter** = to narrate
- **personne ne me croit** = nobody believes me
- **se moquaient de** = laughed at
- **Pourquoi ne sors-tu pas ?** = why don't you go out?
- **il s'en aille** = he goes away
- **profita du moment** = used the opportunity
- **le mensonge** = lie
- **Ça suffit, ces bêtises !** = enough nonsense!
- **je ne supporte pas** = I can't stand
- **radin** [colloquial] = cheapskate, skinflint
- **le côté** = side, place
- **le bouclier** = shield
- **fâchait** = enraged; annoyed
- **l'arc (m.)** = bow
- **la flèche** = arrow
- **atterrir** = land

Questions à choix multiple
Sélectionnez une seule réponse pour chaque question

1. Le dragon vit dans :
    a. Un village
    b. Une ville
    c. Une montagne
    d. Une tour
2. Les gens pensent que le dragon est :
    a. Gentil
    b. Méchant
    c. Ils ne le connaissent pas
3. Josh dit au serveur que :
    a. Il a tué un dragon
    b. Il a tué deux dragons
    c. Il a vu Ferrg
    d. Il a vu un autre dragon
4. Le serveur dit à Josh que :
    a. Il est un menteur
    b. Il est un héros
    c. Il est stupide
    d. Aucune des réponses précédentes
5. Quand Ferrg apparaît dans le village :
    a. Josh se bat contre lui
    b. Le serveur se bat contre lui
    c. Josh va le voir
    d. Le serveur et Josh vont le voir

Solutions chapitre 1

1. d
2. b
3. c
4. a
5. d

Chapitre 2 – Le forgeron

Josh s'approcha du dragon **pas à pas**. Il était vraiment très grand. Le serveur avait très peur et il **osait à peine** s'approcher.

–Tu veux vraiment t'approcher du dragon ? Il est dangereux ! –dit-il à Josh

–Il n'est pas dangereux. Je le connais.
–Je n'arrive toujours pas à y croire !
–Tu vas voir.

Les gens couraient dans le village. Les enfants pleuraient de plus en plus et les familles **s'enfuyaient**. Quand les gens voyaient le dragon, ils se mettaient à crier. Ferrg ne faisait rien. Il restait calme sur la place du village. Il regardait les humains avec curiosité.

Quand Ferrg tourna la tête, il vit Josh qui marchait avec le serveur.

Les ailes de Ferrg bougèrent beaucoup, créant un courant d'air. Le courant d'air secoua les **cheveux** des deux hommes. Josh **sut** que le dragon l'avait reconnu.

–Josh ! –dit le dragon d'une voix très **grave**.
–Salut, Ferrg.
–Tu sais que je n'aime pas que tu m'appelles comme cela.

Le serveur regarda Josh et lui dit :
–Il te connaît !
–Bien sûr qu'il me connaît. Je te l'ai dit cent fois.

–Ça alors... C'est donc vrai... Et pourquoi il n'aime pas que tu l'appelles Ferrg ? Ce n'est pas son nom ?
–**Pas tout à fait**.

Le dragon bougea une de ses énormes pattes vers l'avant et approcha sa grande tête de celle du serveur. Le serveur eut peur et resta paralysé.
–Qu'est-ce qu'il fait... ? –dit-il à Josh.
–Il t'observe... C'est un dragon très curieux.
–Il va me manger ?
–Non ! Il ne mange pas les humains !

Ferrg ouvra la bouche pour parler. Il avait **très mauvaise haleine**. Le serveur **prit un air dégoûté**. Le dragon parla :
–Qui es-tu ?
–Moi... Moi... –dit le serveur sans pouvoir dire aucun mot.

Josh parla à Ferrg.
–Lui, c'est le serveur de notre village.
–Un serveur... –dit le dragon étonné–, qu'est-ce que c'est un serveur ?
–Quelqu'un qui offre des boissons et de la nourriture.
–Alors, c'est un homme bien !

Le dragon bougea ses ailes à nouveau et créa un autre courant d'air.
Le serveur dit :
–Il est moins méchant qu'il en a l'air ! **Je lui plais bien** !

Josh parla à nouveau au dragon :
—Pourquoi est-ce que tu es venu ici ? Tu n'as jamais voulu venir à mon village.
—Je sais, mais **je dois vous avertir de quelque chose**.

Le serveur insista et demanda à Josh :
— Pourquoi il n'aime pas qu'on l'appelle Ferrg ?
—Ferrg est le nom que les gens lui ont donné. Ce n'est pas son nom. **Laisse-moi parler un instant avec lui**. Retourne à la taverne.

Le serveur partit en courant dans la rue et entra dans la taverne. Il **ferma** la porte **à clé**.

—**De quel** avertissement **est-ce qu'il s'agit** ?
—Un autre dragon s'approche.
—Un autre ? Il y en a d'autres comme toi ?
—Oui, mais nous ne sommes pas très **nombreux.** Nous sommes très peu. Et il ne reste quasiment plus de dragons dans le monde.
—Et pourquoi tu dois nous avertir de cela ?

Le dragon regarda le ciel, comme s'il **cherchait** quelque chose. Cherchait-il l'autre dragon ?
—Il peut venir à n'importe quel moment. Ce n'est pas un gentil dragon. C'est un dragon méchant. Je ne veux pas qu'il fasse du mal à des gens innocents.
—Et qu'est-ce que tu vas faire ?
—Je me battrai contre lui s'il le faut.

–Tu connais l'autre dragon ?
–Oui. Il est plus vieux et plus grand que moi.

Josh réfléchit. Plus grand que lui. Ferrg est déjà énorme. Il ne pouvait pas imaginer un dragon encore plus grand. Il pensait qu'il n'existait qu'un seul dragon. Josh lui dit :
–Et **qu'est-ce que tu veux qu'on fasse** ?
–J'ai besoin que votre **forgeron** fabrique une arme.
–Une arme, tu dis ?
–Oui. Je connais les matériaux, mais nous devons convaincre le forgeron pour qu'il nous aide. Et ça va être difficile. Je ne plais pas aux humains. Je ne comprends pas pourquoi.

Josh s'approcha un peu plus du dragon et s'assit au **bord** d'un **puits**.
–Ils pensent que tu détruis des villages. Ils existent des légendes. Les légendes racontent des choses terrifiantes et méchantes. Les gens lisent ces légendes et pensent que tous les dragons sont méchants.
–Mais ce n'est pas vrai. Comment est-ce qu'ils savent que je suis méchant s'ils ne me connaissent pas ?
–On est comme ça les humains, **méfiants**.

Le dragon grogna. Un peu de feu sortit de sa bouche.
–Tu vas m'aider, Josh ?
–Le forgeron vit sur la **colline**. Vole jusque là-bas, je pars tout de suite.

Sans prévenir, le dragon prit Josh avec une de ses pattes et vola vers la colline du forgeron.

−Halte ! Halte ! Arrête ! **Lâche-moi** ! −cria Josh alors qu'il voyait la terre s'éloigner de ses pieds.

−Du calme, Josh. Nous arriverons plus vite comme ça.

Le forgeron était sur la colline. Il travaillait beaucoup et quand Josh et le dragon arrivèrent, il **était en train de forger** une **épée**. Le forgeron vit le dragon arriver et ne s'étonna pas. Josh était déconcerté.

Le dragon s'arrêta à côté du forgeron et laissa Josh par terre. Josh dit au forgeron :
−Salut, Martin.
− Salut, Josh.
−Je ne sais pas si tu le vois, mais il y a un dragon ici et...
−Je sais, je dois avoir peur ?

Ferrg dit :
−Un humain qui n'a pas peur de moi !
−Bien sûr que je n'ai pas peur de toi. Je sais que tu n'es pas dangereux. Mon père m'a parlé de toi.
−Ton père ?
−Il t'a rencontré il y a longtemps.

Josh dit à Martin, le forgeron :
−Martin, j'ai besoin que tu fabriques une chose.
−Pour faire quoi ?
−C'est une arme pour tuer un dragon.

—Pour tuer un dragon ? Je ne veux pas tuer de dragons !

—Martin, il y a un autre dragon, et il est méchant. S'il s'approche du village, il détruira tout.

—Comment tu le sais ?

—Ferrg me l'a dit.

Le dragon grogna à nouveau. Il n'aimait pas ce nom. Martin regarda le dragon, puis Josh.

—D'accord. Quels sont les matériaux ?

Le dragon lui expliqua ce qu'il devait fabriquer.

—J'ai tous les matériaux –dit Martin–, mais il m'en manque un : du **fer** rouge.

—Qu'est-ce que c'est le fer rouge ? –demanda Josh.

—C'est un matériau très précieux. Seul le **maire** en a. Tu dois parler avec lui.

Annexe du chapitre 2

Résumé

Josh et le serveur vont parler avec Ferrg, le dragon. Ferrg dit à Josh qu'il existe un dragon méchant. Le méchant dragon s'approche et Ferrg veut défendre le village. Josh et le dragon demandent à Martin, le forgeron, de fabriquer une arme pour aider le dragon à défendre le village.

Vocabulaire

- **pas à pas** = step by step
- **osait à peine** = hardly dared
- **s'enfuyaient** = escape
- **les cheveux (m.)** = hair
- **sut** = knew
- **une voix très grave** = very deep voice
- **pas tout à fait** = not quite
- **très mauvaise haleine** = very bad breath
- **un air dégoûté** = disgusting (smelling) air
- **je luis plais** = he likes me
- **je dois vous avertir de quelque chose** = I need to warn you about something
- **laisse-moi parler un instant avec lui** = let me talk to him for a minute
- **ferma à clé** = locked (the door)
- **De quel ~ est-ce qu'il s'agit ?** = What ~ is this about?
- **nombreux** = numerous

- **cherchait** = was searching
- **Qu'est-ce que tu veux qu'on fasse ?** = What do you want us to do ?
- **le forgeron** = blacksmith
- **le bord** = edge
- **le puits** = well
- **méfiant** = mistrustful
- **la colline** = hill
- **lâche-moi** = let go of me
- **était en train de forger** = was forging
- **l'épée (f.)** = sword
- **le fer** = iron
- **le maire** = mayor

Questions à choix multiple
Sélectionnez une seule réponse pour chaque question

6. Le dragon avertit de :
    a. Un cataclysme
    b. Un homme méchant
    c. Un méchant dragon
    d. Aucune des réponses précédentes
7. Le dragon veut :
    a. Fabriquer un arc
    b. Fabriquer une arme
    c. Fabriquer des écailles de dragon
    d. Aucune des réponses précédentes
8. Josh dit au dragon que :
    a. Ils doivent parler au maire
    b. Ils doivent parler au méchant dragon
    c. Ils doivent retourner à la taverne
    d. Ils doivent aller parler au forgeron
9. Le forgeron :
    a. N'a pas peur du dragon.
    b. A peur du dragon.
    c. Essaie de tuer le dragon.
    d. Aucune des réponses précédentes
10. Le forgeron a besoin de :
    a. Fer rouge
    b. Fer noir
    c. Fer jaune
    d. Il a de tout

Solutions chapitre 2

6. c
7. b
8. d
9. a
10. a

Chapitre 3 – La dague rouge

Le maire était en train de manger dans la **mairie**. La mairie du village était un bâtiment très grand et **voyant**, avec beaucoup d'ornements. Là, le maire avait de nombreux travailleurs qui travaillaient pour lui.

Josh décida d'aller parler avec le maire après avoir parlé avec le forgeron. Il avait besoin de fer rouge pour fabriquer l'arme.
Quand Josh **était sur le point d'**ouvrir la porte de la mairie, le serveur le salua :
–Josh !
–Re-bonjour –répondit-il.
–Tu as parlé un peu plus avec le dragon ?
–Oui, nous avons parlé un peu plus.

Josh ne savait pas s'il devait lui raconteur que Ferrg, le dragon, l'avait averti de l'existence d'un autre dragon, mais méchant. Les gens du village n'aimaient pas les dragons. Il ne pouvait pas dire à tout le village qu'il y avait un méchant dragon.

–Et qu'est-ce qu'il t'a dit ? –lui dit le serveur.
–Je vais te dire quelque chose, mais ne le dis à personne.
–Dis-moi, Josh.
–Tu as vu que Ferrg est un gentil dragon. Et bien, il existe un autre dragon qui est méchant.
–Un dragon méchant ?

−Oui, s'il te plaît, ne le dis pas aux villageois. Sinon tu **sèmeras la panique**.

−Compris. Je vais à la taverne. À toute à l'heure. On en reparle.

Josh ouvra la porte de la mairie et demanda à voir le maire à un garde.

−C'est un sujet très important −dit-il.

Le garde amena Josh dans les appartements du maire. Il était assis, en train de manger **une cuisse de poulet**.

−Qu'est-ce que tu veux ? −dit le maire.

−Je veux vous parler, monsieur le maire.

−Dépêche-toi, je suis occupé.

Josh **n'y alla pas par quatre chemins** et lui raconta l'histoire de Ferrg et l'histoire du dragon méchant.

−J'ai besoin de fer rouge pour fabriquer l'arme et aider Ferrg.

−Tu veux du fer rouge ? Le fer rouge est très cher ! Je ne fais pas confiance à ce dragon !

−Il est gentil !

−Je ne le crois pas !

Josh **ne pouvait pas faire autrement**. Il avait un arc dans son **dos**. C'était le même arc qu'il avait utilisé pour appeler Ferrg la première fois. Il sortit son arc et tira une flèche par la fenêtre.

Ferrg apparut sur le **toit** de la mairie et passa la tête par la fenêtre. Les vitres se cassèrent.

–Du fer rouge, s'il vous plaît.

Josh rit et dit au maire :
–Donne-lui en.

Le maire apporta un petit **chargement** de fer rouge et le donna au dragon.
–Tu paieras pour ça, Josh !
Le dragon l'emporta en volant. Il alla chez le forgeron, Martin, qui fabriqua l'arme. Pendant ce temps Josh s'enfuit de la mairie et du village. Les gardes le **poursuivirent**.

Ferrg prit l'arme que Martin fabriqua. C'était une dague rouge. Martin lui dit :
–Dragon, fais attention avec cette arme.
–Merci... Forgeron.

Le méchant dragon apparut dans le ciel. Il était deux fois plus grand que Ferrg.
–Va-t-en, dragon ! –lui dit Martin.

Ferrg vola vers le méchant dragon. **Au début**, le méchant dragon ne savait pas si Ferrg était ami ou ennemi, mais quand il vit la dague rouge, il essaya de **la lui voler**.

Ferrg lutta contre le méchant dragon. Ils luttèrent pendant de nombreuses minutes et finalement Ferrg **planta** la dague rouge dans le corps du méchant dragon. Le méchant dragon tomba dans une forêt près du village.

Malheureusement, Ferrg mourut lors du combat. Pendant longtemps on ne revit pas de dragons dans la region. La dague rouge était toujours plantée dans le corps du méchant dragon. Josh la prit et dit :
—J'ai enfin la dague rouge dans mes mains.

Le plan de Josh avait toujours été celui-ci. Josh était un ancien garde impérial. La capitale de l'empire, très loin de ce village, cherchait du fer rouge depuis longtemps, mais ils ne savaient pas où il pourrait y en avoir. Avec le fer rouge, on pouvait fabriquer des armes **aussi puissantes que** la dague rouge.

Josh s'enfuit du village et entra dans la capitale de l'empire. Là, il remit la dague rouge à l'empereur qui lui dit :
—Tu m'as très bien servi, Josh.
—Merci, empereur.
—Dis-moi, les deux dragons sont morts ?
—Oui, ils sont morts.
—Est-ce que quelqu'un te **soupçonne** ?
—Je ne pense pas.

L'empereur dit alors :
—Tu as rempli ta mission, Josh. Prends l'or que je t'ai promis. **Tu peux t'en aller.**

Josh avait des **remords** envers Ferrg. En réalité, il **s'était attaché à lui**. Une **larme** tomba de ses yeux quand il sortit de la capitale pour ne jamais revenir.

Annexe du chapitre 3

Résumé

Josh parle au maire pour lui demander du fer rouge et fabriquer l'arme. Le maire ne veut pas donner le fer rouge et Josh appelle alors Ferrg. Ferrg prend le fer rouge et Martin, le forgeron, fabrique une dague rouge. Ferrg lutte contre le méchant dragon, et tous deux meurent. Josh remet la dague rouge à l'empereur. Son unique plan a toujours été de prendre le fer rouge pour l'empereur.

Vocabulaire

- **la dague** = dagger
- **la mairie** = town hall
- **voyant** = conspicuous
- **était sur le point de** = was about to...
- **semer la panique** = spread panic
- **la cuisse de poulet** = chicken thigh
- **ne pas y aller par quatre chemins** = not beat around the bush
- **il ne pouvait pas faire autrement** = had no other option
- **le dos** = back
- **le toit** = roof
- **donne-lui en** = give him some
- **le chargement** = cargo
- **poursuivirent** = chased
- **au début** = at first

- **la lui voler** = steal it from him
- **planta** = stabbed
- **malheureusement** = unfortunately
- **aussi puissante que** = as powerful as
- **soupçonner (quelqu'un)** = to suspect
- **tu peux t'en aller** = you can go
- **les remords (m. pl.)** = regrets
- **s'était attaché à lui** = grew fond of him
- **la larme** = tear

Questions à choix multiple
Sélectionnez une seule réponse pour chaque question

11. Pour parler avec le maire, Josh va :
    a. A la mairie
    b. Dans la forêt
    c. A la capitale
    d. A la forge
12. Avant d'entrer dans la mairie, il parle avec :
    a. Martin
    b. Ferrg
    c. le méchant dragon
    d. le serveur
13. Le maire :
    a. Aide Josh
    b. N'aide pas Josh
    c. Aide Josh à une condition
    d. Aucune des réponses précédentes
14. Le forgeron fabrique :
    a. Un arc rouge
    b. Une dague rouge
    c. Une épée rouge
    d. Une flèche rouge
15. Le plan de Josh a toujours été de :
    a. Tuer Ferrg
    b. Tuer les deux dragons
    c. Voler le fer rouge pour l'empereur
    d. Aucune des réponses précédentes

Solutions chapitre 3

11. a
12. d
13. b
14. b
15. c

7. Terres Inconnues

Chapitre 1 – Nouvelles terres

Il y a des centaines et des centaines d'années, il y avait un village qui s'appelait Asglor. Dans ce village vivaient des vikings. Les vikings vivaient dans le nord de l'Europe, et leurs terres étaient très froides et **peu fertiles. On dit** que c'est **en partie** pour cela que les vikings cherchèrent de nouvelles terres.

Dans le village d'Asglor, vivait un jeune garçon, de vingt ans à peine, qui s'appelait Thoric. Thoric était très fort et pour son âge, un garçon très mature. Il était très **grand**, il avait les cheveux châtains et longs, un **nez proéminent**, une grande bouche, des jambes et des bras forts.

Thoric revenait de **la chasse** comme tous les jours et parla avec l'explorateur Niels. Niels passait beaucoup de temps en dehors du village d'Asglor. Il explorait de nouvelles terres pour pouvoir les cultiver.

Le village d'Asglor était très calme. Il était encore trop tôt. Le soleil avait une **faible lumière**. Niels vit Thoric revenir de la chasse. Il le salua de la main et lui fit un geste.

–Thoric !
–Salut, Niels. Tu es encore dans le village ?
–Oui, mon garçon. Je reste deux jours dans le village.

–Et tu vas où après ?
–Je ne sais pas, le chef Eskol dit que c'est un endroit **lointain**.

Thoric respectait Eskol, son chef. C'était un homme très grand, avec les cheveux les plus longs qu'il n'avait encore jamais vus et de gros muscles. Sa voix était très grave. Il le respectait, mais Eskol était un homme très strict et il était parfois cruel. Mais Thoric était sûr que **dans le fond**, c'était un homme bon et simple.

–Le chef Eskol a de nouveaux plans ? –demanda Thoric.
–Oui, mais il n'a pas dit lesquels. Il a seulement dit que cette fois-ci, **il fallait** explorer plus loin.

Le chef Eskol **envoyait des patrouilles** pour explorer hors du village. Le village était un petit endroit à côté des montagnes et d'un petit **fleuve** qui menait à la mer. Mais la nourriture **manquait** en hiver, quand les animaux migraient. Le chef Eskol voulait trouver de nouvelles terres à cultiver.

–Je ne veux plus connaître de **pénurie** ni avoir de problèmes de nourriture –dit Thoric à Niels.
–Moi non plus. Mes enfants ont besoin de manger mieux. Je ne peux pas leur donner de la viande tous les jours.

Thoric n'avait jamais connu les enfants de Niels, mais il savait qui ils étaient. Parfois, lors d'une expédition, ils venaient avec le groupe.

–Niels, je vais voir si ma famille peut te vendre la viande des animaux que j'ai chassés aujourd'hui.
–Très bien, mon garçon.

Thoric revint à la maison et parla avec ses parents et sa sœur. Sa famille était une famille de **fermiers**. Ils **gagnaient leur vie** en cultivant le peu de terres qu'ils pouvaient et en vendant la viande des animaux que Thoric chassait.

Cette nuit-là, Thoric ne dormit pas bien. Il réfléchit beaucoup. Que voulait le chef Eskol ? Pourquoi tant de mystère ? Quel était la nouvelle expédition vers ces mystérieuses terres ?

Deux jours après, Thoric revint de la chasse. Il y avait **de moins en moins** d'animaux dans les montagnes. L'hiver était proche et il était déjà plus difficile de trouver de **grandes proies**. Quand il revint de la chasse, il croisa à nouveau Niels. Cette fois-ci, il semblait nerveux.

–Thoric ! Viens, vite !
–Que se passe-t-il, Niels ? Pourquoi tant de hâte ?
–Le chef Eskol a appelé tout le village.
–Il va raconter ses plans ?
–Sûrement, oui ! Allez ! Laisse ça chez toi et allons-y !

Thoric revint chez lui pour laisser les animaux qu'il avait chassés. Sa famille n'était pas là. Ils étaient partis avant lui écouter le **discours** du chef Eskol.

–Ma famille n'est pas ici –dit Thoric–. Ils sont dans le Grand Salon.

Le Grand Salon était la maison du chef Eskol. Là, il vivait avec sa femme et ses quatre enfants. Plusieurs travailleurs **s'occupaient** de la famille et des problèmes du village.

Le Grand Salon était un bâtiment en bois très grand, avec des ornements et des statues des **dieux** que les vikings **adoraient**. Dans le Grand Salon, on faisait aussi des discours. Quand il y avait un sujet à communiquer au village, le chef Eskol réunissait tout le monde. **Et c'est ainsi qu'il fit encore une fois.**

Thoric et Niels entrèrent dans le Grand Salon. Il y avait beaucoup de monde et il faisait très chaud. Il ne semblait pas qu'on était en hiver. Tous les gens du village étaient réunis là, ils attendaient. Le chef Eskol n'était pas là, mais sa femme si. Elle était assise sur une chaise. Ses quatre enfants, trois garçons et une fille, étaient dans un coin du salon et jouaient.

Quand le chef Eskol apparut, tout le monde **se tut**. C'était un homme qui **en imposait beaucoup**. Il aimait son village, **bien qu'**il fût très strict.

Il commença à parler :
–Cher village d'Asglor, durant de nombreux hivers, nous avons souffert de la faim. Nous n'avons plus

suffisamment de nourriture en hiver. C'est pourquoi les explorateurs et moi-même avons pris une décision.

Les gens commençaient à murmurer.
—Nous allons naviguer vers l'ouest. Il n'y a plus de terres prospères par ici, mais il y en a au-delà de la mer.

Niels dit :
—Mais chef, est-ce que l'on sait s'il y a une terre à l'ouest ?
—On le sait, oui.
—Comment ? Aucun de nous ne l'a vue.

Le chef Eskol regarda son village qui le regardait **l'air inquiet**. Finalement, il dit :
—Un viking m'en a parlé. Il a voyagé jusqu'à l'ouest et a trouvé cette terre. Il est mort en revenant au village d'Asglor, mais avant de mourir il m'a raconté l'histoire.

Les gens continuèrent de regarder Eskol l'air inquiet.
—Cher village d'Asglor, je sais que ce n'est pas beaucoup, mais nous devons prendre le risque. Nous voyagerons dans un mois.

Annexe du chapitre 1

Résumé

Thoric est un chasseur viking. Il vit dans un village nommé Asglor, un village à côté des montagnes et d'un fleuve qui mène à la mer. Le village d'Asglor est gouverné par le chef Eskol, et Niels est son chef explorateur. Niels connaît Thoric depuis longtemps. Lors d'un discours, le chef Eskol dit à son village qu'il faut naviguer vers l'ouest et trouver de nouvelles terres.

Vocabulaire

- **peu fertiles** = not very fertile
- **on dit** = it is said
- **en partie** = in part, partly
- **grand** = tall
- **nez proéminent** = prominent nose
- **la chasse** = the hunt
- **la faible lumière** = weak light
- **lointain** = distant, far
- **dans le fond** = in essence
- **il fallait** = needed
- **envoyer des patrouilles** = to send patrols
- **le fleuve** = river
- **manquer** = be in short supply
- **la pénurie** = shortage
- **le fermier** = farmer
- **gagnaient leur vie** = made a living

- **cultivant** = farming, cultivating
- **de moins en moins** = fewer and fewer
- **les grandes proies** = big prey
- **le discours** = talk
- **s'occupaient de** = looked after
- **le dieu** = god
- **adoraient** = worshipped
- **Et c'est ainsi qu'il fit encore une fois** = and this is how he did it again
- **se tut** = fell silent
- **en imposait** = command (respect)
- **bien que** = although
- **l'air inquiet** = concern, worry

Questions à choix multiple
Sélectionnez une seule réponse pour chaque question

1. Thoric est :
    a. Un explorateur
    b. Un chasseur
    c. Le chef
    d. Un fermier
2. Niels est :
    a. Un explorateur
    b. Un chasseur
    c. Le chef
    d. Un fermier
3. Le village d'Asglor est :
    a. À côté d'un désert
    b. À côté de la mer
    c. À côté des montagnes
    d. Au milieu de la mer
4. Eskol est :
    a. Le chef explorateur
    b. Un prêtre
    c. Un fermier
    d. Le chef du village
5. Eskol veut :
    a. Voyager vers l'est
    b. Voyager vers le nord
    c. Voyager vers le sud
    d. Voyager vers l'ouest

Solutions chapitre 1

1. b
2. a
3. c
4. d
5. d

Chapitre 2 – La mer

Un mois **s'écoula**. Ce mois **parut très long** parce que les gens d'Asglor savaient que l'hiver était proche. Ils voulaient bien manger et ne pas avoir de **pénurie d'aliments**. Les bateaux étaient quasiment terminés.

Niels supervisait la construction des bateaux dans une forêt proche du village. C'était une forêt qui était très près de la mer. Le chef Eskol lui **rendait** de temps en temps **visite** sur le lieu pour voir les progrès.

–Dis-moi, Niels –dit Eskol–, quand est-ce que l'on pourra **lever l'ancre** avec les bateaux ? Je vois que certains sont déjà dans le fleuve. On va bientôt devoir lever l'ancre.
–Je ne sais pas chef, peut-être dans une semaine, peut-être plus tôt.
–Seulement une semaine ? Excellent !
–Oui, le **bois** est bon et les constructeurs sont très **habiles**.

Le chef Eskol donna un deuxième discours dans le Grand Salon pour décider qui irait dans les bateaux. Il y avait de la place pour seulement 75 personnes dans les bateaux. Un par un, des volontaires **levèrent la main**. La majorité était des **guerriers**. Les guerriers étaient très bien entraînés.

Thoric voulait y aller. Il était très bon **chasseur** et réussit à convaincre le chef Eskol d'aller avec eux :

–Là-bas, on ne sait pas quelle nourriture il y a. On a besoin de chasseurs et je peux chasser pour vous quand on sera sur ces terres lointaines –dit-il.
–Très bien, Thoric. Viens avec nous.

Dès lors Thoric était impatient. Il avait très envie de lever l'ancre avec l'expédition vers les terres lointaines.

Quand le jour arriva, Niels, Thoric, le chef Eskol et le reste des vikings montèrent dans les bateaux. Ils **prièrent** les dieux avant de monter et dirent au revoir à leur famille et au village. La femme d'Eskol gouvernait le village quand il n'était pas là.

Quelques jours plus tard, ils voyagèrent vers l'ouest. Les trois bateaux étaient excellents, et tout le monde semblait content. Les jours s'écoulaient **sans rien de nouveau**.

Deux semaines plus tard, les bateaux continuèrent à avancer, mais ils ne voyaient pas de terre. Ils voyaient seulement de l'eau. Ils ne voyaient même pas d'**oiseaux**. Certains vikings commencèrent à poser des questions au chef Eskol.

–Chef Eskol, vous êtes sûr qu'il y a une terre à l'ouest ?
–J'en suis complètement sûr.
–Qu'est-ce qu'il se passera si nous ne la trouvons pas ?

Le chef Eskol cria avec rage :
–On va trouver cette terre ! C'est clair ?
–Mais... Mais...

–Hors de ma vue !

C'était un bon chef, mais il avait un caractère très fort et il n'aimait pas les questions. C'était lui qui commandait et il n'aimait pas qu'on lui pose trop de questions. Il parla au reste du bateau :
– Il y a une terre à l'ouest ! Je le sais !
Le reste des vikings ne posèrent pas d'autres questions et continuèrent à **ramer**.

Ce même jour et quasiment sans prévenir, il commença à pleuvoir et la mer commença à **s'agiter**. Les bateaux pouvaient à peine naviguer. La mer était **déchaînée**. Les capitaines des trois bateaux essayèrent de maintenir les trois bateaux **unis**. Et ils réussirent, mais la pluie et la tempête **changea leur cap**.

Quelques jours plus tard, alors que tous dormaient, Thoric vit quelque chose dans le ciel. Au début, il **pensait qu'il était en train de rêver**, puis il ouvrit grand les yeux.

Il chercha Niels dans l'obscurité et le réveilla :
–Niels, réveille-toi ! Nous devons avertir le chef Eskol !
–Qu'est-ce qu'il se passe ? –dit l'explorateur sans ouvrir les yeux.
–Il y a des oiseaux dans le ciel !
–Et alors ?
–La terre est proche !

Niels ouvrit les yeux et vit que Thoric indiquait le ciel. Lui aussi vit les oiseaux.
—Par tous les dieux ! C'est vrai !

Niels se leva et alla parler au chef. Thoric alla avec lui.
—Chef Eskol, réveillez-vous !

Le chef Eskol se réveilla avec le même **visage** qu'il avait tout le temps.
—Niels ? Thoric ? Qu'est-ce qu'il se passe ?
—Il y a des oiseaux dans le ciel ! dit Thoric—. Il y a une terre !

Le chef Eskol **se réveilla rapidement** et cria aux capitaines des trois bateaux :
—Il faut ramer ! Allez ! Réveillez-vous tous ! La terre est proche !

Ils ramèrent avec beaucoup de force et ils virent enfin la terre.
Thoric et Niels sourirent. Le chef Eskol ne sourit pas. Il ne souriait jamais.

Le chef Eskol ordonna aux bateaux de s'arrêter sur une **plage** proche. La plage était très grande. Il y avait beaucoup d'arbres et de **collines** à côté. C'était un endroit magnifique.

Les vikings descendirent de leurs bateaux et marchèrent sur la plage.
Thoric parla avec Niels :

–Niels, qu'est-ce que c'est cet endroit ?
–Je ne sais pas, Thoric, ça ne ressemble à aucun autre endroit **dont je puisse me souvenir**.
–Il faut qu'on explore au-delà de la plage.
–Je suis d'accord.

Thoric et Niels parlèrent avec le chef Eskol et organisèrent de petits groupes.
Le chef Eskol dit :
– On a besoin de nourriture. Il ne nous reste **presque plus rien**. Vous devez chasser plusieurs animaux.

Thoric et Niels chassèrent ensemble, mais les animaux qu'il y avait n'étaient pas des animaux qu'ils avaient déjà chassés avant. Quand ils les mangèrent, la viande avait un **goût** différent. Même certains arbres semblaient étranges.

Le chef Eskol parla aux vikings le soir sur la plage :
–On a de la nourriture, mais maintenant il faut qu'on explore cet endroit. On doit savoir si cet endroit **convient pour cultiver**. Si on peut cultiver, d'autres vikings viendront.
Un des vikings dit :
–Comment est-ce qu'on peut savoir où on est ? La tempête **nous a éloignés de notre cap**.

Le chef Eskol **se tut** pendant quelques minutes. Ce fut une des rares fois où il ne répondit pas. Finalement, il ne dit rien. Lui aussi semblait **confus** et perdu. Il dit enfin :
–On doit explorer cet endroit. On commencera demain **à l'aube**.

Annexe du chapitre 2

Résumé

Les vikings construisent les bateaux pour le voyage vers l'ouest. Les bateaux sont très bons. Thoric et Niels font partie du voyage, avec le chef Eskol. Au milieu du voyage, il y a une tempête et le cap change. Ils voient enfin la terre et sortent des bateaux. Il y a des animaux et des arbres inconnus et étranges.

Vocabulaire

- **s'écoula** = passed (time)
- **parut très long** = seemed very long
- **la pénurie d'aliments** = food shortage
- **rendait visite** = visited
- **lever l'ancre** = set sail (Lit: raise the anchor)
- **le bois** = wood
- **habile** = skilful
- **levèrent la main** = raised their hands
- **le guerrier** = warrior
- **chasseur** = hunter
- **dès lors** = since then
- **prièrent** = prayed
- **sans rien de nouveau** = with no changes
- **l'oiseau (m.)** = birds
- **hors de ma vue** = (get) out of my sight
- **ramer** = to row, paddle
- **s'agiter** = shake

- **déchaînée (la mer)** = rough (sea)
- **unis** = together
- **changea leur cap** = it changed their course
- **pensait qu'il était en train de rêver** = he thought he was dreaming
- **le visage** = face
- **se réveilla rapidement** = woke up quickly
- **la plage** = beach
- **les collines** = hills
- **dont je puisse me souvenir** = that I could recall
- **presque plus rien** = almost nothing more
- **le goût** = taste
- **convient pour cultiver** = suitable to cultivate/grow
- **nous a éloignés de notre cap** = taken us off course
- **se tut** = kept quiet
- **confus** = confused
- **l'aube (f.)** = dawn

Questions à choix multiple
Sélectionnez une seule réponse pour chaque question

6. Dans l'expédition, il y a :
    a. 50 vikings
    b. 60 vikings
    c. 75 vikings
    d. 85 vikings
7. Dans l'expédition, il y a :
    a. 2 bateaux
    b. 3 bateaux
    c. 4 bateaux
    d. 5 bateaux
8. Quand le chef Eskol quitte le village, le village est gouverné par :
    a. Niels
    b. Thoric
    c. Sa femme
    d. Un autre explorateur
9. Au milieu du voyage :
    a. Il y a des pirates
    b. Il y a une révolution
    c. Il y a plus de vikings inconnus
    d. Il y a une tempête
10. La plage est étrange parce que :
    a. Il y a des animaux et des arbres inconnus
    b. Il y a d'autres vikings inconnus
    c. Il n'y a pas de nourriture
    d. Il fait très chaud

Solutions chapitre 2

6. c
7. b
8. c
9. d
10. a

Chapitre 3 – La décision

Tous les vikings se réveillèrent à l'aube et **prirent leur petit-déjeuner**. Ils avaient quelques provisions du voyage et la viande des animaux inconnus de ce lieu. Thoric se réveilla et alla parler avec le chef Eskol.

–Salut, chef.
–Salut, Thoric. Tu veux quelque chose ?
–Je veux parler avec vous.
–Dis-moi.

Thoric voulait **éclaircir** plusieurs choses.

–Au début du voyage, les hommes **doutaient**. Ils posaient beaucoup de questions parce qu'ils ne savaient pas s'il y avait une terre à l'ouest, mais finalement vous avez été un chef responsable et on est arrivés sur cette terre.
–Oui. **Viens-en au fait**, Thoric.
–L'homme qui vous a tout raconté... C'était qui ?
–L'homme qui m'a dit que ces terres existaient ?
–Oui, exactement.

Le chef Eskol **regarda autour de lui**.
–Qu'est-ce qu'il se passe ?–demanda Thoric.
–Où est Niels ?
–Il dort, je crois.
–L'homme qui m'a raconté ça, c'était son père.
–Son père ?

Thoric était très surpris. Le père de Niels était cet homme mystérieux ?

–Il pensait que le père de Niels était mort dans une expédition vers l'est.

–C'était une mission secrète. **Personne n'en a jamais rien su.** Je l'ai envoyé vers l'ouest.

–Tu l'as envoyé ici ? Tu l'as envoyé tout seul ?

– Je l'ai envoyé à l'ouest avec trois autres hommes. Tous moururent. Le père de Niels mourut en arrivant au village.

–Comment est-ce que vous saviez qu'il trouverait une terre à l'ouest ?

–J'avais un **pressentiment**. Si Niels l'apprend, il **ne me le pardonnera jamais**.

Thoric regarda Niels qui était en train de se réveiller.

Le chef Eskol prit Thoric par le bras.

–Tu ne dois pas raconter ça à Niels. Niels est le meilleur explorateur qu'on a. Il a suivi les bons **enseignements** de son père. On ne peut pas se permettre qu'il **se distraie** maintenant.

Thoric **acquiesça**.

–Compris.

–Maintenant, il faut quitter la plage.

Peu après, tous les vikings prirent leurs **haches** et leurs **boucliers** et traversèrent la jungle proche de la plage. Le lieu était très vaste. Niels **marchait en tête** du groupe, explorant et les prévenant de tout ce qu'il trouvait.

Il était déjà **midi** et le soleil chauffait beaucoup. Il faisait très chaud. Plusieurs hommes **enlevèrent leurs armures**.

Tout à coup, derrière une colline, ils trouvèrent un village. Niels fit un geste de la main et tout le groupe s'arrêta dans la colline. Le village était étrange. Les maisons étaient étranges pour eux. Il y avait des hommes, des femmes et des enfants. Ils portaient de nombreux tatouages sur la peau qui était plus sombre. Ils portaient des vêtements étranges et parlaient **une langue** très bizarre.

Le chef Eskol descendit de la colline en premier. Le reste du groupe le suivit.
Au début, les indigènes eurent très peur et certains coururent vers leurs maisons, mais le chef Eskol **les tranquillisa**.
–On ne veut pas vous **faire du mal** ! –dit-il

Le chef du village apparut devant lui et il lui offrit quelque chose à boire. Le chef Eskol but. C'était de l'eau.

Les vikings parlèrent avec les gens de ce village pendant plusieurs heures et comprirent beaucoup de choses.

Le chef Eskol réunit les vikings et leur dit :
–On doit prendre une décision. On ne sait pas où on est. Et je dois vous avouer quelque chose. Je ne sais pas comment revenir à notre village.

Les vikings se turent pendant quelques minutes.

Le chef Eskol continua à parler :
–J'ai pensé que nous pourrions rester vivre ici.
–Comment ? –dit Thoric.
–Sérieusement ? –dit Niels.

Le chef Eskol regarda les indigènes et dit :
–Ces braves gens connaissent la terre et la nature. Ils nous proposent de rester ici. On n'a pas le choix. On ne peut pas retourner chez nous.
–On va abandonner nos familles ? –dit un viking.
–Regardez nos bateaux ! La tempête les a **détruits** !

Le viking qui avait parlé savait que son chef avait raison. Ils n'avaient pas le choix. Ils devaient rester vivre là. Le chef Eskol continua à parler.
–Bien sûr, **celui qui veut partir** peut s'en aller. À partir de maintenant, je ne suis plus votre chef, je suis juste un ancien viking de plus.

Les jours **suivants**, deux groupes se formèrent.
Un groupe décida de rester sur les nouvelles terres, mais un autre groupe voulut retourner chez lui, même avec les bateaux détruits.

Le deuxième groupe abandonna les terres pour essayer de retourner au village viking alors que le premier groupe le regarda lever l'ancre.
Le chef Eskol parla avec Thoric et Niels à côté d'un **grand feu**.

–Je suis vraiment désolé.

—Peu importe, chef. Vous vouliez seulement le bien de notre village. Les choses n'ont pas fonctionné **comme on l'avait espéré**, mais cet endroit est un bon endroit pour vivre –lui répondit Thoric.

—Je continuerai à explorer, chef. Ne vous inquiétez pas. **On sera heureux.**

Les vikings étaient en Amérique et ces villageois étaient les Indiens d'Amérique, mais eux ne le surent jamais.

Des semaines plus tard, un bateau viking apparut à l'horizon du village d'Asglor. La femme du chef Eskol regarda le bateau, espérant voir son mari.

Annexe du chapitre 3

Résumé

Le chef Eskol dit à Thoric que le père de Niels était l'homme qui lui avait dit qu'il existait des terres à l'ouest. Le groupe rencontre des indigènes de ces terres et le chef raconte à ses hommes que le voyage de retour à leur village est trop difficile. Un groupe de vikings reste vivre là-bas et un autre groupe essaie de retourner au village avec les bateaux cassés. Ces terres sont l'Amérique.

Vocabulaire

- **prirent leur petit-déjeuner** = had their breakfast
- **éclaircir** = to clarify
- **doutaient** = doubted
- **viens-en au fait** = get to the point
- **regarda autour de lui** = he looked around
- **personne n'en a jamais rien su** = nobody ever knew anything about it
- **le pressentiment** = premonition
- **il ne me le pardonnera jamais** = he will never forgive me
- **les enseignements (m. pl.)** = teachings
- **se distraie** = get distracted
- **acquiesça** = nodded
- **la hache** = axe
- **le bouclier** = shield

- **marchait en tête** = walked at the head (of the group)
- **midi** = midday
- **ils enlevèrent leurs armures** = they took off their armor
- **une langue** = language
- **les tranquillisa** = reassured them
- **faire du mal** = do harm
- **détruit** = destroyed
- **celui qui veut partir** = whoever wants to leave
- **suivants** = following
- **le grand feu** = campfire
- **comme on l'avait espéré** = as he had hoped
- **on sera heureux** = we'll be happy

Questions à choix multiple
Sélectionnez une seule réponse pour chaque question

11. L'homme qui parle au chef Eskol des terres de l'ouest est :
    a. Le père d'Eskol
    b. Le père de Thoric
    c. Le père de Niels
    d. Aucune des réponses précédentes
12. Quand ils explorent les terres, ils trouvent :
    a. Plus d'animaux
    b. Un groupe de vikings
    c. Un groupe de natifs
    d. Aucune des réponses précédentes
13. Deux groupes de vikings se forment parce que :
    a. Ils ont faim
    b. Ils veulent se battre
    c. Ils veulent continuer à explorer
    d. Aucune des réponses précédentes
14. Le chef Eskol décide de :
    a. Retourner au village
    b. Continuer à explorer
    c. Rester
    d. De se battre
15. Dans le village d'Asglor, apparaît :
    a. Un bateau
    b. Deux bateaux
    c. Trois bateaux
    d. Aucune des réponses précédentes

Solutions chapitre 3

11. c
12. c
13. d
14. c
15. a

8. Laure, La Femme Invisible

<u>Chapitre 1 – L'évènement</u>

Laure était une femme **d'âge moyen**. Elle travaillait en tant qu'employée administrative dans un bureau à Paris, la capitale de la France. Tous les jours elle travaillait beaucoup et elle sortait très tard du travail. Son salaire n'était pas mauvais, mais elle voulait un meilleur salaire. Les week-ends, elle sortait souvent avec ses amis **passer l'après-midi** et la soirée dans son bar préféré.

Paris est une ville très culturelle, très variée et avec des gens de tous les coins du monde. Quand Laure **se promenait**, elle **se rendait compte** de la diversité de la ville. Mais parfois, elle recherchait la tranquillité, et c'est pourquoi elle voyageait certains week-ends en **banlieue.**

Un week-end **comme un autre**, Laure **conduisit** sa voiture avec deux autres personnes : un ami et une amie. Ils s'appelaient Pierre et Éloïse. Ils étaient des amis de Laure **depuis l'enfance.**

Laure arrêta la voiture dans la banlieue de Paris. Là, il y avait la nature et plusieurs parcs pour faire un bon barbecue.
—On est où, Laure ? —dit Pierre.
—On est dans la banlieue de Paris. Ici, on peut faire un barbecue.

—On a suffisamment de nourriture pour le barbecue ?
—Oui, elle est dans la voiture. On va sortir **les sacs**.

Laure, Pierre et Éloïse sortirent les sacs de la voiture pour pouvoir cuisiner la **viande** au barbecue. Éloïse essaya de **chauffer les braises** pour pouvoir avoir du feu et ainsi préparer le repas.

Laure se rappella qu'elle devait **passer un coup de fil** avec son téléphone portable. Elle dit donc à ses amis :

—Pierre, Éloïse. Je reviens dans un instant. Je dois passer un coup de fil pour le travail.

—Tu es toujours en train de travailler, même les week-ends —dit Pierre.

—Pierre a raison —dit Éloïse—, tu devrais **te reposer**. Tu travailles trop. Les week-ends, il faut déconnecter. Laure retourna où étaient ses amis et se souvint qu'elle devait prendre autre chose dans la voiture.

—Vous avez raison —répondit Laure—, mais je dois passer ce coup de fil.

Laure **s'éloigna** du groupe et alla vers des arbres qui étaient à côté. Les arbres étaient très hauts et il faisait quasiment nuit. On ne voyait quasiment plus rien. Elle appela son **chef** et lui parla de plusieurs choses du travail. Des choses qu'ils avaient déjà faites cette semaine et des choses **pour la semaine suivante**.

Elle se rendit compte de quelque chose. Dans les arbres, **au milieu**, il y avait **une lumière étrange**. Laure **raccrocha** et rangea son téléphone portable dans sa poche.

Elle s'approcha de la lumière. La lumière **provenait** d'un petit objet très étrange qui était dans les arbres. Laure toucha l'objet et la lumière **s'éteignit**. Elle ne savait pas ce que c'était, et le laissa donc **là où il était**.

Laure retourna où étaient ses amis et se souvint d'une autre chose qu'elle devait prendre dans la voiture. Quand elle revint, elle s'assit à côté de ses amis, Pierre et Éloïse. Ils étaient en train de parler d'elle.

—Et bien oui —disait Pierre—, Laure travaille trop. Elle devrait **éteindre son portable** le week-end.
—Je suis d'accord —dit Éloïse—, ce n'est pas bon de travailler autant. Le corps et l'**esprit** ont besoin de se reposer.

Laure se leva pour aider au barbecue qui **fumait** déjà. Mais il s'était passé quelque chose de bizarre. Pierre et Éloïse ne la regardaient pas.

« Pourquoi ils ne me regardent pas ? » pensa Laure.

Laure **fit des signes**, aucun d'eux ne réagit. Ils ne se rendirent pas compte qu'elle était là. Ils continuèrent à parler d'elle comme si elle n'était pas là. Ils ne pouvaient pas la voir !

« Comme c'est étrange. Ils ne peuvent pas me voir ! Je suis invisible ? Ça alors ! Je suis invisible ! Ah, ah, ah ! Mais pourquoi ? »

Elle pensa alors à l'étrange objet qu'elle avait trouvé dans les arbres. Elle pensa à la lumière de cet objet et comment il s'était éteint quand elle l'avait touché.

« C'est à cause de cet objet ? Maintenant je suis invisible ? **Il faut que j'en profite**, c'est génial ! Je vais voir de quoi parlent Pierre et Éloïse !

La conversation entre Pierre et Éloïse continuait. Pierre sortait la nourriture du barbecue et la posait sur des **assiettes**. Éloïse l'aidait et posait les boissons sur la table.

–Eh bien oui, Pierre –dit-elle–, Laure travaille beaucoup, mais c'est normal. Elle **a étudié très dur de nombreuses d'années. Elle mérite** de bien travailler et d'avoir un bon salaire.
–Ils ne la paient pas suffisamment –dit-il.
–C'est vrai, mais elle arrivera sûrement à **toucher un meilleur salaire à l'avenir**. Elle a une grande valeur.
–Ça c'est vrai. Je suis **fier** d'être son ami, mais il faut qu'elle déconnecte plus pendant le week-end. Tu vois bien, on fait un barbecue, mais elle continue à parler avec son chef.
–Son chef est très strict. Il veut toujours qu'elle travaille beaucoup.
–Elle travaille beaucoup et très bien. Son chef devrait savoir qu'elle est la meilleure employée.

Laure comprit alors combien ses amis la respectaient. Elle n'aimait pas **écouter en cachette** ce qu'ils disaient d'elle, mais elle ne pouvait pas **y résister**. Ils ne disaient que des bonnes choses d'elle, et elle **rougit**.

–**À propos** –dit Pierre–, elle est où ?
–Je ne sais pas, ça fait longtemps qu'elle est partie passer son coup de fil. Elle parle depuis un moment.
–Allons la chercher.

Ils éteignirent le feu du barbecue et s'en allèrent où étaient les arbres. Là, ils trouvèrent l'objet étrange.

–Regarde, Éloïse, C'est quoi ?
–Je ne sais pas. Jette-le. Nous n'avons pas besoin de **vieux machins**.
Et l'objet étrange resta dans les arbres.

Quand Pierre et Éloïse revinrent, la voiture de Laure avait disparu. Laure l'avait prise et était retournée à Paris. Là, elle **se gara** près de la Rue de La Fayette et marcha Quai de Jemmapes. Personne ne la voyait.
« Personne ne me voit ! C'est incroyable ! »

Aussitôt après, de nombreuses idées à faire avec ses nouveaux pouvoirs d'invisibilité **lui vinrent à l'esprit**.

Annexe du chapitre 1

Résumé

Laure est une femme d'âge moyen, elle travaille en tant qu'employée administrative. Elle travaille beaucoup, mais les week-ends elle sort avec ses meilleurs amis, parmi lesquels Éloïse et Pierre. Un week-end, ils vont faire un barbecue. Elle trouve un objet étrange dans les arbres. Cet objet étrange rend Laure invisible. Elle prend la voiture et retourne dans le centre de Paris pour utiliser ses nouveaux pouvoirs.

Vocabulaire

- **d'âge moyen** = middle-aged
- **passer l'après-midi** = spend the afternoon
- **se promener** = have a walk
- **se rendait compte** = realised
- **la banlieue** = the outskirts
- **comme un autre** = like any other
- **conduisit** = drove
- **depuis l'enfance** = from childhood
- **le sac** = the bag
- **la viande** = meat
- **chauffer les braises** = heat up the embers
- **passer un coup de fil** = make a call
- **le (téléphone) portable, mobile** = mobile phone
- **te reposer** = rest

- **elle s'éloigna** = she went away
- **le chef** = boss
- **pour la semaine suivante** = for next week
- **au milieu** = in the middle
- **une étrange lumière** = a strange light
- **elle raccrocha** = she hung up (phone)
- **provenait** = came from
- **s'éteignit** = turned off
- **là où il était** = where it was
- **éteindre son portable** = turn off her mobile phone
- **l'esprit (m.)** = mind
- **fumer** = smoke
- **fit des signes** = made a sign
- **Il faut que j'en profite** = I have to take advantage of this
- **l'assiette (f.)** = plate
- **a étudié très dur de nombreuses d'années** = has studied very hard for many years
- **elle mérite** = she deserves
- **toucher un meilleur salaire à l'avenir** = to take home a better salary in the future
- **fier** = proud
- **écouter en cachette** = listen in (without being seen)
- **y résister** = resist it
- **rougit** = blushed
- **À propos** = By the way
- **les vieux machins** = junk, old things
- **se gara** = parked
- **lui vinrent à l'esprit** = came to mind

Questions à choix multiple
Sélectionnez une seule réponse pour chaque question

1. Laure travaille en tant que :
    a. Employée administrative
    b. Cadre de direction
    c. Économiste
    d. Elle ne travaille pas
2. Elle est :
    a. Une femme jeune
    b. Une femme d'âge moyen
    c. Une femme âgée
    d. Nous ne le savons pas
3. Ses deux meilleurs amis s'appellent :
    a. Pierre et Vanessa
    b. Alfred et Vanessa
    c. Pierre et Éloïse
    d. Pierre et Alfred
4. Ses amis pensent que :
    a. Elle devrait chercher un travail
    b. Elle travaille peu
    c. Elle travaille beaucoup
    d. Aucune des réponses précédentes
5. Les pouvoirs de l'étrange objet sont :
    a. La force
    b. La capacité de voler
    c. L'invisibilité
    d. Aucune des réponses précédentes

Solutions chapitre 1

1. a
2. b
3. c
4. c
5. c

Chapitre 2 – Le mensonge

Laure se promena sur le Quai de Jemmapes. Le Quai de Jemmapes était un quai au bord du Canal Saint-Martin, à Paris, à côté de la Rue de La Fayette. Assez souvent de petits **étals** apparaissaient pour acheter et vendre des objets. Ce jour-là, il y avait des étals **en tout genre**.

Laure s'approcha d'un étal. Les gens ne la voyaient pas, mais ils pouvaient la toucher. Elle devait **faire attention**. Elle essaya plusieurs vêtements et bijoux, mais elle ne les emporta pas. Elle aimait être invisible, mais elle ne voulait rien **voler**.

Ses amis étaient inquiets, mais elle voulait explorer un peu plus. Elle aimait être invisible et elle voulait explorer d'autres endroits et voir d'autres choses. **Elle eut une idée** : elle alla au bureau où elle travaillait. Elle se souvint que son chef devait travailler ce samedi parce qu'il y avait beaucoup de travail.

Les caméras ne l'enregistrèrent pas. Elle entra par la porte quand un employé de bureau entra et monta à **l'étage** où était son chef. Le bâtiment avait beaucoup d'étages. Son bureau était au sixième étage, et son chef était là.

Le chef parlait avec plusieurs **cadres de direction** de l'entreprise :
—Nos employés travaillent très bien. L'entreprise fait des bénéfices, mais pas suffisamment. Nous avons besoin de **développer les affaires** pour avoir plus d'argent.

« L'entreprise va bien et je touche peu ? Quelle injustice ! » –pensa-t-elle.

–J'ai une employée qui s'appelle Laure. Elle travaille ici depuis 5 ans. Elle est très travailleuse. Elle travaille toujours beaucoup et n'a jamais demandé d'augmentation de salaire. **Ça me fait de la peine** de ne pas pouvoir payer plus Laure, mais nous devons dépenser l'argent que nous avons gagné pour réparer le **bâtiment**.

« Ça alors ! Mon chef reconnaît que je suis une bonne employée ! Je crois que j'ai parlé **trop tôt**. Maintenant, je sais qu'il veut me payer plus pour que j'aie un meilleur salaire… »

Laure était curieuse et alla dans le bureau d'Antoine. Antoine était un autre cadre de direction de l'entreprise et elle voulait savoir quels **fichiers** il avait dans son bureau.

« Je ne veux ni voler ni **espionner**, mais j'ai toujours voulu savoir ce qu'Antoine faisait. »

Antoine travaillait aussi pour une autre entreprise. Il était cadre de direction de deux entreprises, mais ces deux entreprises **ne faisaient pas beaucoup de bénéfices** et il devait travailler dans les deux. Laure écouta de loin son chef parler alors qu'elle regardait les fichiers :

—Antoine, dis-moi. Je t'ai parlé de faire un projet avec l'idée qu'on a tous eue ici. Ce projet peut nous faire gagner beaucoup d'argent. C'est viable ?
—Non, je suis désolé –répondit-il–, le projet ne peut pas se faire. Il coûte trop d'argent et est très compliqué. On ne devrait pas le faire.

Alors qu'elle entendit cela, Laure trouva le projet dans les fichiers d'Antoine. Antoine avait fait des calculs pour ce projet, c'était vrai, mais Antoine mentait. Le projet du chef de Laure était très intéressant financièrement.

« Pourquoi Antoine ne veut pas faire ce projet ? C'est un très bon projet ! Pourquoi **il ment** ? Je ne comprends pas. »

Alors, Laure se rendit compte de quelque chose. L'autre entreprise d'Antoine, où il était cadre de direction, **y perdrait**. L'autre entreprise d'Antoine ne voulait pas que l'entreprise de Laure fasse le projet.

« Quel égoïste ! Si on ne fait pas ce projet, je perdrai mon travail ! »

Les objets que Laure prenait **devenaient** aussi invisibles, elle eut donc une idée. Elle prit le projet d'Antoine et **attendit qu'ils s'en aillent**. Quand il fit un peu plus nuit, ils partirent tous du bureau, son chef aussi.

Laure entra dans le bureau du chef et laissa le dossier du projet sur sa table.

Comme il faisait nuit, Laure décida de sortir et d'aller chez elle. Elle prit un autobus et rentra chez elle. Elle ne fit pas de **bruit**. Elle fit attention, son mari était là.

Dernièrement, son mari et elle se disputaient beaucoup. Ils n'étaient plus **aussi heureux qu'avant**. Mais quand elle entra, son mari **pleurait**.

« Qu'est-ce qu'il y a ? –se demanda Laure.

–Vous êtes sûr, monsieur l'agent ? –dit son mari, André.

André parlait avec la police au téléphone. Laure n'était pas apparue depuis plusieurs heures, et André était très inquiet. La sœur d'André était là aussi.

André raccrocha le téléphone et pleura encore.

Laure se rendit compte aussi de cela. André l'aimait beaucoup et souffrait. Il voulait **arranger** la situation. Il voulait arranger leur relation. Alors, elle réfléchit... Comment pouvait-elle redevenir visible ?

Laure ne voulait faire peur à personne. Elle ne voulait pas non plus raconter à personne ce qui s'était passé ni ce qu'elle avait fait au bureau, mais elle voulait **cesser** d'être invisible. Ce n'était plus très drôle.

« Bien sûr ! L'objet ! » –dit-elle.

Laure devait toucher à nouveau l'objet. Elle devait prendre la voiture et retourner là-bas. Mais elle devait faire attention en prenant la voiture. Les gens ne pouvaient pas voir une voiture sans personne à l'intérieur.

Elle prit la voiture et conduisit dans les rues de Paris. Il faisait nuit, il n'y avait donc pas beaucoup de voitures. Elle essayait de conduire dans des endroits où il n'y avait pas beaucoup de monde.

Elle arriva où ses amis avaient fait le barbecue. Ses amis étaient là, et il y avait beaucoup de monde. Des **dizaines** de personnes. **Que se passait-il ?**

Annexe du chapitre 2

Résumé

Laure se promenait sur le Quai de Jemmapes. Puis elle décida d'aller à son bureau. Son chef travaillait et parlait avec les autres cadres de direction. Antoine était un cadre de direction. Il mentait à propos d'un projet, un projet avec beaucoup d'argent. Laure laissa le dossier du projet dans le bureau de son chef. Elle retourna chez elle et vit son mari, André, pleurer, très inquiet. Elle décida finalement de retourner au barbecue pour ne plus être invisible.

Vocabulaire

- **l'étal (m.)** = stand
- **en tout genre** = of all kinds
- **faire attention** = be careful
- **voler** = to steal
- **elle eut une idée** = she had an idea
- **l'étage (m.)** = floor
- **le cadre de direction** = executive, manager
- **développer les affaires** = grow business (business development)
- **ça me fait de la peine** = it saddens me
- **le bâtiment** = building
- **trop tôt** = prematurely
- **fichiers** = files
- **espionner** = to spy

- **ne faisaient pas beaucoup de bénéfices** = didn't do a lot of business
- **il ment** = he lies
- **y perdrait** = would lose out on it
- **devenaient** = became
- **attendit qu'ils s'en aillent** = waited until they were gone
- **bruit** = noise
- **aussi heureux qu'avant** = as happy as before
- **pleurait** = cried
- **arranger** = to fix, to repair
- **cesser** = stop
- **dizaines** = dozens
- **que se passait-il ?** = What was happening

Questions à choix multiple

Sélectionnez une seule réponse pour chaque question

6. Laure se promenait :
    a. Sur le Quai de Jemmapes
    b. Dans la banlieue de Paris
    c. Dans un magasin de Paris
    d. Hors de Paris
7. Laure décida d'aller en premier :
    a. Chez elle
    b. Au bureau
    c. Dans la banlieue
    d. Hors de Paris
8. Antoine, un cadre de direction de l'entreprise :
    a. Voulait s'en aller de l'entreprise
    b. Voulait licencier Laure
    c. Mentait à propos d'un projet
    d. Aucune des réponses précédentes
9. Laure laissa dans le bureau de son chef :
    a. De l'argent
    b. Une lettre
    c. Le projet
    d. Elle ne laissa rien
10. Laure voulait cesser d'être invisible :
    a. En touchant à nouveau l'objet
    b. En cassant l'objet
    c. En emmenant l'objet ailleurs
    d. Elle ne voulait pas cesser d'être invisible

Solutions chapitre 2

6. a
7. b
8. c
9. c
10. a

Chapitre 3 – L'objet

Laure retourna dans le petit parc où ils firent le barbecue quelques heures avant. Là, il y avait beaucoup de gens. Que faisaient-ils là-bas ? Pourquoi y avait-il tant de gens ?

Éloïse et Pierre étaient parmi la **foule**, mais ils se parlaient seulement **l'un à l'autre**. Ils étaient assis à la table. Il y avait encore de la nourriture non cuisinée sur la table et les boissons qu'Éloïse avait sorties.

Toutes les personnes qui étaient là-bas cherchaient Laure. C'étaient des amis de Laure, des proches, des policiers et des gens de Paris qui étaient venus aider.

–Éloïse, je ne sais pas où elle peut être –dit Pierre.
–Ne t'inquiète pas –répondit-elle–, je suis sûre qu'elle apparaîtra à un moment. Mais c'est très bizarre.
–C'est très bizarre, oui.

Laure écoutait la conversation de près. Elle voulait aller toucher l'objet à nouveau. Elle voulait cesser d'être invisible. Quand elle touchera l'objet, elle redeviendra sûrement visible.

–Écoute, Éloïse –Pierre continuait de lui parler.
–Dis-moi.
–Tu te souviens de cet objet que nous avons trouvé ?
–Oui, je m'en souviens. C'était seulement un vieux machin.

–**Et si c'était plus que ça** ?

Laure ne voulait pas que ses amis sachent. C'était une histoire **de fous**. Elle voulait **retrouver une vie normale**. Elle voulait revenir et arranger les choses avec son mari, André. Elle voulait retourner au travail **pour voir ce qui s'était passé** avec le projet.

–On doit retrouver cet objet. Laure a disparu juste là – dit finalement Éloïse.
–Allons voir.

Laure **courut** où était l'objet, **avant qu'**Éloïse et Pierre n'arrivent. Elle entra dans la petite forêt où étaient les arbres et chercha. Elle ne le trouvait pas !

« Où il est ? Où il est ? Il doit être par ici ».

Laure continuait à être invisible. Pierre et Éloïse ne pouvaient pas la voir, mais **ils se rapprochaient**. Elle entendait **leurs pas**.

« Je dois le trouver. Il doit être par ici ».

Pierre et Éloïse continuaient de parler entre eux. Ils passèrent à côté de Laure.

–Il doit être par ici, Éloïse. Je me souviens.
–Regarde dans ces **arbustes**.
–J'arrive.

Et oui, Pierre trouva l'objet dans les arbustes. Il n'avait pas de lumière, mais Laure put le voir. C'était l'objet qu'elle avait touché. Elle devait **trouver le moyen** de le toucher à nouveau. Il fallait qu'elle redevienne visible, mais elle ne voulait rien raconter de ce qui s'était passé.

–C'est quoi ? –lui demanda Éloïse.

–Je ne sais pas. C'est rond et métallique mais je ne sais pas **à quoi ça sert**.

–Ça a **quelque chose à voir avec** la disparition de Laure ?

–Je ne vois pas comment. Je doute que ça ait quelque chose à voir.

–**Remets-le là où il était**.

Laure se tranquillisa. L'objet était à nouveau dans les arbustes. Maintenant, Pierre et Éloïse devaient s'en aller. Elle voulait toucher l'objet. Est-ce que ce serait cela la solution ? Elle ne le savait pas, mais elle voulait essayer.

Pierre et Éloïse s'en allèrent et commencèrent à chercher Laure dans la forêt. Les gens des environs commencèrent aussi à chercher Laure dans la forêt, dans les rues d'à côté, dans les **quartiers** qu'il y avait à côté.

Naturellement, personne ne la trouva, parce que Laure était cachée dans les arbres. Quand tout le monde sortit des arbres, elle se rapprocha des arbustes. Elle prit l'objet avec sa main et le toucha.

Une lumière **s'alluma** à l'intérieur de l'étrange objet. Laure sentit un grand **chatouillement** dans son corps.

L'objet était allumé à nouveau. Elle le prit et le garda dans sa veste.

Elle sortit de la forêt. **Cela avait-il fonctionné ?**

—Laure ! —dirent-ils.
—Laure ! Te voilà ! Mais tu étais où ? — dirent Pierre et Éloïse.
—J'étais... J'étais...

Laure ne savait pas **si raconter la vérité** était une bonne idée. Avant, elle ne voulait pas raconter la vérité, mais maintenant elle hésitait. Elle avait l'objet. Maintenant elle avait une **preuve**.

—Je dois vous raconter quelque chose d'important et d'incroyable **à la fois**.

—Laure ! —appela une voix parmi les gens.

Au début, Laure ne voyait pas qui c'était mais après elle le vit, c'était André.
André s'approcha de Laure et **la serra** fort **dans ses bras**. Il **l'embrassa sur les lèvres** et lui dit :

—Tu étais où ? On était très inquiets !
—J'étais dans... dans ... je...

Une autre voix venant de la foule l'appela.

—Mademoiselle Dubois. Vous êtes enfin réapparu !

Cette voix était celle de son chef. Son chef était ici aussi ! Il s'inquiétait pour elle ! Elle se rappela du projet qu'elle avait laissé dans son bureau.

Ils étaient tous réunis et Laure se mit à parler.
–Vous vous êtes tous beaucoup inquiétés pour moi, mais j'ai une histoire incroyable à vous raconter. Attendez un instant.

Laure enleva sa veste et **la jeta par terre**.
André, son mari, lui demanda :
–Qu'est ce que tu fais, ma chérie ?
–Je vais vous montrer quelque chose.
Elle sortit de la veste le petit objet.

–C'est l'objet étrange ! –dirent Pierre et Éloïse en même temps.
–Oui, cet étrange objet est **la raison pour laquelle** j'ai disparu.

Personne ne comprenait rien.

Laure fut sur le point de raconter son incroyable histoire, mais elle se rendit compte que la lumière de l'objet s'était éteinte. Elle le toucha avec ses mains et les gens continuaient à la regarder. Il ne fonctionnait plus.

–Je me suis rendue compte de beaucoup de choses quand j'ai disparu.

Elle regarda son chef, André et ses amis.

—Mais je garde l'histoire de ma disparition pour un autre jour. Je veux rentrer à la maison maintenant.

André la serra à nouveau dans ses bras et ils retournèrent chez eux. Laure s'endormit quand ils arrivèrent.

En se réveillant le lendemain, elle sourit à son mari et il lui sourit.
—**Tout ira bien** —lui dit-elle.

Annexe du chapitre 3

Résumé

Laure voit tous les gens qu'il y a au barbecue. Il y a beaucoup de gens qu'elle connaît. Elle entend Pierre et Éloïse parler, ils sont inquiets. Ils cherchent l'étrange objet. Ils pensent que l'étrange objet a un rapport avec sa disparition. Laure trouve l'objet quand ils s'en vont. Elle le touche et redevient visible. André et son chef sont aussi là quand elle retourne au barbecue, mais l'objet ne fonctionne plus. Elle ne leur raconte donc rien et retourne chez elle.

Vocabulaire

- **la foule** = crowd
- **l'un à l'autre** = to each other
- **et si c'était plus que ça ?** = and if it's something more than that?
- **de fous** = mad, crazy
- **retrouver une vie normale** = go back to normal life
- **pour voir ce qui s'était passé** = to see what had happened
- **courut** = ran
- **avant que** = before
- **la forêt** = forest
- **ils se rapprochaient** = they were approaching
- **leurs pas** = their steps
- **l'arbuste (m.)** = bush

- **trouver le moyen** = find a way
- **à quoi ça sert** = what this is for
- **quelque chose à voir avec** = something to do with
- **remets-le là où il était** = put it back where it was
- **le quartier** = neighbourhood
- **caché** = hidden
- **s'allumer** = light up
- **le chatouillement** = tickle
- **cela avait-il fonctionné ?** = did it work?
- **si raconter la vérité** = whether or not tell the truth
- **la preuve** = proof
- **à la fois** = at the same time
- **la serra dans ses bras** = hugged her
- **l'embrassa (sur les lèvres)** = kissed her (on the lips)
- **la jeta par terre** = threw it to the ground
- **la raison pour laquelle** = the reason why
- **tout ira bien** = everything is going to be fine

Questions à choix multiple
Sélectionnez une seule réponse pour chaque question

11. Au barbecue elle entend parler :
    a. Son chef et son mari
    b. Son chef et Pierre
    c. Son mari et Éloïse
    d. Pierre et Éloïse
12. Ses amis veulent :
    a. Retourner chez eux
    b. Trouver l'étrange objet
    c. Appeler la police
    d. Appeler André
13. Laure, au début, veut :
    a. Ne pas raconter son histoire
    b. Raconter son histoire
    c. Rester invisible
    d. Aucune des réponses précédentes
14. Laure touche l'objet à nouveau et immédiatement :
    a. Redevient visible
    b. Continue à être invisible
    c. Ne le sait pas jusqu'à ce qu'ils l'appellent en sortant des arbres
    d. Il ne se passe rien
15. Finalement :
    a. L'objet ne fonctionne pas et Laure raconte son histoire
    b. L'objet fonctionne et Laure raconte son histoire
    c. L'objet ne fonctionne pas et Laure ne raconte pas son histoire

Solutions chapitre 3

11. d
12. b
13. a
14. c
15. c

FIN

This title is also available as an audiobook.

For more information, please visit the Amazon store.

Thank You For Reading!

We hope you have enjoyed these stories and that your French has improved as a result! A lot of hard work went into creating this book, and if you would like to support us, the best way to do so would be with an honest review on the Amazon store. This helps other people find the book and lets them know what to expect.

To do this:

1. Visit http://www.amazon.com
2. Click "Your Account" in the menu bar
3. Click "Your Orders" from the drop-down menu
4. Select this book from the list and leave an honest review!

Thank you for your support,

- Olly Richards & Richard Simcott

More from Olly & Richard

If you have enjoyed this book, you will love all the other free language learning content we publish each week online.

Our Blogs

Olly Richards: http://iwillteachyoualanguage.com

Richard Simcott: http://speakingfluently.com

Podcast

The *I Will Teach You A Language* Podcast

iPhone: http://iwillteachyoualanguage.com/itunes

Android: http://iwillteachyoualanguage.com/stitcherradio

Find us on social media...

Olly Richards:

Facebook: http://facebook.com/iwillteachyoualanguage

Twitter: http://twitter.com/olly_iwtyal

Richard Simcott:

Facebook: http://facebook.com/SpeakingFluently

Twitter: http://twitter.com/SpeakinFluently

Printed in Great Britain
by Amazon